大捐赠者传奇

Waldemar Nielsen

[美] 沃尔德马·尼尔森 ◎著

程逜欣 郑胜天 ◎译

INSIDE
AMERICAN
PHILANTHROPY

ZHEJIANG UNIVERSITY PRESS
浙江大学出版社

我们应该倾尽我们宝贵的一生,只为了买和卖? 只为了将今年的销售额与去年同期作对比? 只为了在舞池中拖曳着舞步? 只为了打打牌,集齐三个J、三个A,或者三个K? 只为了寻欢作乐、抵制征税? 而当临终之际到来,以留下一处尽可能少课税的房产为我们一生的胜利和成就? 诚然,我们的生命中一定有某种更美好的东西,某种能让生命更显高贵的东西,它能让我们的一生沾染上哪怕一点点神圣的色彩。

　　我的朋友们,正是无私的付出和于人有益的善举让我们的生命更显高贵,而其中的原因并不在于此举能为他人带去什么,更多的原因在于这么做能为我们带来的回报。正是因为这种精神,我们应该毫不吝惜、毫不小气地捐赠我们的所有,我们应该愉快地、慷慨地、热切地、充满爱意地、满心喜悦地去做这件事情,而这样的心情也正是生命能带给我们的无上的愉悦。

——朱利叶斯·罗森沃尔德

1923 年

目录

01

关键的问题

02

居高领先的潜力

03

妇女能顶半边天

04

捐赠行为中的险境

07

前进中的展望

致中文读者

当我回顾自己以往的岁月时，发现自己对中国的兴趣始于童年时代，那时我第一次读到马可·波罗的游记。我首次踏上中国的土地是在第二次世界大战期间。作为一名年轻的海军军官，我受政府委派运送食物和药品到上海的欧洲居民区。然而，直到很久以后，我才有机会广泛地到中国各地旅行。

我曾担任罗伯特·安德森（Robert Anderson）先生的助理多年，他当时是大西洋富田公司［Atlantic Richfield Co.（ARCO），以下简称阿科公司］的董事长。夏天，我们在科罗拉多州阿斯彭人文研究所并肩共事，两人对艺术都一直很有兴趣。在他的鼓励和郑胜天先生的帮助下，我得以前往中国考察那里的美术院校，参观青年画家的作品，并且选择收集了一批作品送到美国展览。

为了实现目标，我知道自己需要有一位既了解中国艺术和美术院校，又懂得中国国情之人的帮助。我很幸运地找到了胜天，他会说几种不同的中国方言，也在美国进修过英语。他既是我的向导兼翻译，也成了我的朋友。如果没有他的协助和专业建议，1987 年在美国的那次重要的中国艺术展览是不可能举行的。 展览的名称叫做"开门之后"①，展示了中华人民共和国的多种多样的绘画风格。 这次展览的成果之一是为许多中国艺术家打开了在美国，乃至世界许多其他地区销售他们作品的大门。 能够帮助年轻的中国艺术家走向国际市场，使我感到非常欣慰。

自这次展览以后，胜天和我一直保持着友谊和密切的联系。 但当我得知他把我这本有关公益事业的著作翻译成了中文时，我还是惊喜莫名。 十年以前我曾帮助过中国艺术家，我希望这个译本也会有助于正在从事自己事业的读者们，但愿本书的内容能给予他们一些启示和借鉴。

沃尔德马·尼尔森

---

① 美国加利福尼亚州帕萨迪纳亚太博物馆，1987 年。

前　　言

　　这本书所要讲的是我关于美国基金会和公益事业的个人思考和评判。　虽然它主要是写给那些正在致力于筹建和改进基金会的慈善家们看的，但对于在公益事业工作的个人，以及那些对我们的多元制度中这一特殊部分感兴趣的人而言，这本书同样值得一读。

　　近几年来，因为不同寻常的机会，我有幸结识了相当多的美国富豪，他们都处于创办基金会的阵痛之中。　虽然我已经投身于创办基金会许多年了，与他们的交往还是开启了一段令人惊异的发现之旅。

　　普遍流行的观点——或者说错误的观点是——基金会都是一群有目的的、博爱的捐赠者们依靠冷静的计算和理智创建起来的。　但我如今逐渐明白，在很多情况下，它们都源自人们能想象得到的最个人化、最情感化的因素：对死亡的恐惧、渴望被铭记、纠缠不清的家庭关系、权力斗争、罪恶感、虚荣心、旧时的愤恨，以及新的幻想。　它们有时候是精心规划和预先策划的硕果，但在许多情况下它们都是疏忽、冲动、个人癖好或者临终遗愿的产物。

　　美国多元体系下这些重要而独特的美国社会产物是情感和谋划共同催生的产物。 这或许就解释了为什么一些基金会成功得异常耀眼，而另一些则损失极为严重——还有一些则居于两者之间。

　　因此，这本书就是要试着向人们展现基金会内含的人性的一面。 本书中所记录的这些关于捐赠的戏剧性故事，挑战着人们先前关于慈善机构的苍白的、充满敬意的、墨守成规的、官僚主义的、被理智化的解读，同时也让我们离真相更近了一步。

　　我想借此表达对甘尼特一家、洛克菲勒兄弟、约翰·洛克菲勒三世、利奥·莫德尔以及罗伯特·伍德·约翰逊基金会的感谢，感谢他们为我的工作提供财政支持。 同样还要感谢阿斯本研究所，它成了我研究基地。

　　此外，我还想向海内外为我提供智力支持的朋友们表达谢意。 他们是英国的约翰·加德纳、玛格丽特·马奥尼、伊丽莎白·麦科马克、西沃恩·奥本海默·尼古劳、斯蒂芬·格劳巴德、阿萨·布里格斯，西班牙的朱利安·马里斯和乔斯·安东尼奥·穆尼奥斯·罗哈斯，还有已故的保罗·伊尔维萨克。 他们的建议和想法给了我极大的帮助。

沃尔德马·尼尔森

于纽约

代序："花钱更比挣钱难"

1937 年夏日的一个晚上，我与老朋友沃尔德马·尼尔森先生在他位于曼哈顿第五大道旁的寓所中聊天。他说出了一句惊人之语："花钱更比挣钱难。"然后拿出一本书给我，说这是他最近，也可能是今生最后的一部著作，相信会对某些人有用处。我从纽约飞回温哥华的途中，带着消磨时间的态度翻读起来，却越读越觉得有意思，也终于明白了他的话。

尼尔森早年是一位外交官、非洲问题专家。退出政界后，他长期研究美国的公益事业，担任过洛克菲勒三世（John Rockefeller Ⅲ）、保罗·格蒂（Jean Paul Getty）、罗伯特·安德森（Robert Anderson）等大富豪及许多企业和基金会的顾问。近年来他致力于著述，先后出版了三部分析评介美国基金会的专著，它们已成为这个领域中最具权威性的参考书。现在他年逾八十，这第四本《大捐赠者传奇》（*Inside American Philanthropy：The Dramas of Donorship*），可说是他半生经验的全面总结。

尼尔森在英文原书的前言中写道："这本书所要讲的是我关于美国基金会和

公益事业的个人思考和评判。虽然它主要是写给那些正在致力于筹建和改进基金会的慈善家们看的，但对于在公益事业工作的个人，以及那些对我们的多元制度中这一特殊部分感兴趣的人而言，这本书同样值得一读。"斯坦福大学教授约翰·加德纳（John Gardner）指出："没有人比沃尔德马·尼尔森更了解美国的基金会。数十年来，他一直是一位关于公益、基金会事业的直率可信的评论家。他了解公益事业的巨大成就、它的不足之处以及内部的丑闻。而且，他写来绝不枯燥乏味。"洛克菲勒家族机构的伊丽莎白·麦科马克（Elizabeth McCormack）说："沃尔德马·尼尔森对公益事业内情洞察入微的研究将回答关心这一领域的读者的许多问题，引发他们的好奇心。捐赠者和受赠者都会从这本书中得益。"

他说他介入基金会的工作已很多年，近年来有机会结识了一些想要设立基金会的有钱人，发现其动机不少是出于个人或感情的原因：如惧怕死亡、希望身后留名，或者因为家族不睦、权力争夺、负罪感、虚荣心、旧的怨恨或新的梦想等。固然许多基金会都是经过慎重筹划而成的，但也有相当数量是草率从事、一时冲动、异想天开，甚至是临终前绝望的产物。因此，在众多的美国基金会中，有的办得光彩出色，有的却一团混乱，而更多的则是介乎这两者之间。

尼尔森希望这本书能够展示基金会事业人性的一面，让读者透过许多庄严堂皇的公益机构的外观，去了解这些向社会作出捐赠的人士的戏剧性的真实故事，知道一点办公益事业的酸甜苦辣，体会一番慈善家们的艰辛。

据经济学家估计，当今全世界华人的资产总额已经可以与美国、日本或欧盟相抗衡，不少华人富豪和华资企业已跻身世界前列，他们已完全有能力也愿意对社会作出更多的贡献。华人世界固然历来有济贫扶弱的行善传统，但以现代基金会的形式去主动积极地服务社会，还是一件新鲜事物。正如尼尔森在书中所描述，现代的私人基金会已越来越多地承担起发展教育、医疗、文化艺术、科学研究，甚至提供国际援助、维持世界和平等责任。这些一向被认为是政府的职能，有时由私人机构运作反而更有成效。尼尔森认为，21 世纪，私人基金会的地位会更加重要。对于已拥有相当大一部分人类财富并准备作出奉献的华人来说，参与创建和管理基金会的事业，是一份光荣，但同时也是一项挑战。

当我向朋友们转述"花钱更比挣钱难"这句话时，他们都惊异地望着我，好像我是天外来客。我相信如果他们能和我一样耐心读完这本书，就不会反对尼尔森先生的看法了。在当今这个世界，要赚钱固然并不容易，但当一大笔可观的财富放在你的面前，要把它花到最需要的地方，花得有价值、有效率，对社会有确实的益处，自己从中也得到快乐和成就感，还真不是一件容易的事呢！

感谢尼尔森先生欣然同意我把他的这部著作翻译成中文，更要由衷地谢谢我的大嫂迺欣姐，趁她来温哥华访问之际，我要求她"拔刀相助"。没有她的参与，这本书恐怕至今还没有译完。更不用说她的双语学识和细心认真，使这个译本增色不少。大哥海天是位资深的编辑，居然甘心权充助手，每日将迺欣姐的手稿输入电脑，乐此不疲，令我十分感动。谈到译书的动机，我必须要对王梁洁华女士表示衷心的谢意。承蒙她的信任，近几年来，我得以荣幸地参与梁洁华艺术基金会的创建和管理工作，这一段宝贵的经验大大增强了我想了解美国基金会的历史和现实的愿望。最后，我还必须感谢帮助本书中文译本出版的人士和机构，特别是台湾《典藏》杂志社的社长简秀枝女士。希望我们这点小小的努力能够对有心于公益事业的人有所帮助。

郑胜天

千禧岁末于温哥华

译者序：春寒三月忆故人

——记中国艺术的朋友尼尔森先生*

　　2005 年阴雨连绵的年尾，我收到尼尔森夫人从纽约寄来的一封短笺："本该寄上一张圣诞贺卡，我却不得不告诉你这个不幸的消息：沃利在 11 月 2 日因阿兹海默并发症去世。他住院了两个星期，离开时十分平静，毫无痛苦。我女婿说：'他已准备好要走了。'我也感到如此。"

　　沃利是家人朋友对沃尔德马·尼尔森先生的昵称。《纽约时报》刊登他去世消息时的标题是：慈善界失去了一位"巨人"。其实，尼尔森不仅是美国慈善事业中受人敬重的专家，也是一位有多方面成就、对世界卓有贡献的当代知识分子。在他色彩丰富的一生中，可能最不为人知的一部分，就是他晚年对中国艺术的热爱，以及从 20 世纪 80 年代起向西方介绍当代中国艺术所付出的不懈努力。中国前卫艺术的"老近卫军"们大概都记得当年这位高大银发的老外访问

＊　原载于《典藏·今艺术》2006 年第 4 期。

001

他们的情景。尼尔森是改革开放以后推动中外艺术交流的先行者之一。当今天中国艺术在国际艺坛已经令人刮目相看的时候，他的远见和贡献应当得到充分的评价。

1917年，尼尔森出生于宾夕法尼亚州格林堡。1939年，他从密苏里大学毕业时取得去牛津大学深造的罗德奖学金，却因第二次世界大战爆发而未能成行。1940年，他加入了政府机构工作，之后美国参战时他作为一名雷达军官在太平洋地区服役。战后他担任过商务部长特别助理和美国国务院驻欧洲的主管，是"马歇尔计划"主要执行人之一。1952年，他被聘为福特基金会副总裁，负责国内外的许多重大项目；后被选为非洲—美洲研究会（Africa-America Institute）主席，在他领导的十年中，该机构对新一代非洲领导人的培训提供了关键性的协助和支持。尼尔森所写的三本有关非洲的书是对后殖民时期非洲新兴国家很具权威性的分析，不过他最有社会影响力的作品还是关于慈善事业的论著。1972年，他的《大基金会》（*The Big Foundations*）一书出版，引起相当大的轰动。因为在此之前，还从未有人揭开过这些富甲一方的豪门显贵所创立的超级机构的内幕。私人基金会是社会的"恩人"，也从不需受公众的监督，所以总是笼罩在一片神秘的面纱之下。尼尔森首次以翔实的材料和尖锐的洞察力分析了美国主要基金会的历史与现状、成就与缺憾。他对慈善事业的重视和推崇毋庸置疑，但直率的揭露与批评也毫不留情，虽然使不少人深感不快，尼尔森却从此得到了"慈善事业直言不讳的观察家"的声誉。这本书和他之后出版的《黄金捐赠者：大基金会的最新剖析》（*Golden Donors：A New Anatomy of the Great Foundations*）、《面临危机的事业》（*The Endangered Sector*）等书对美国慈善基金会的改革和管理现代化起了极大的促进作用。20世纪90年代他又以深入浅出的笔法写了《大捐赠者传奇》一书，让更广泛的公众来了解美国社会和经济的这一重要组成部分。我曾将此书译成中文，于2001年由《典藏》杂志社出版。

简秀枝社长和我专门为此去拜访尼尔森。老人用颤抖的手为中文版扉页签了名。在致中国读者的信中他说："十年以前我曾帮助过中国艺术家，我希望这个译本也会有助于正在从事自己事业的读者们，但愿本书的内容能给予他们一些启示和借鉴。"

尼尔森的中国缘始于半个世纪前。他回忆说："我首次踏上中国的土地是在第二次世界大战期间。作为一名年轻的海军军官，我受政府委派运送食物和药品到上海的欧洲居民区。"他常说起那时亲眼目睹中国的战乱和贫瘠，给他留下难以磨灭的印象。他一直都想重游中国，然而等了40多年这一愿望才得以实现。

1985年我在杭州的浙江美术学院（中国美术学院前身）主持油画系并兼管国际交流，当时洛克菲勒基金会属下亚洲文化协会的华敏臻女士（Michelle Vosper）告诉我，她要与一位朋友一起来参观国内的美术院校。这是我第一次见到沃利。他穿一身卡其便装，潇洒而有风度。我陪他们参观了杭州、上海、南京等地的美术学院，见了许多不同年龄层的艺术家。虽然沃利不是这方面的专家，但好奇心和敏锐的观察力使他注意到了刚刚开始释放出来的中国新艺术创造潜能。他总是兴致勃勃，在工作室中或展览会上，由衷的欣喜溢于言表。

他这次考察得到了石油巨子罗伯特·安德森的支持。沃利担任安德森的助手多年，又与他在阿斯彭人文研究所共事，两人对艺术都很着迷。安德森的阿科公司这时已参与了中国的石油勘探，并且赞助过一个在中国举行的美国艺术展览。正是在阿科公司的资助之下，沃利收集了一些绘画作品带回美国，促成了在美国最早一次中国当代艺术展览会的举行。

那时候虽然中国的"85新潮"方兴未艾，但还几乎没有西方策展人或批评家来中国考察过，欧美的主流美术馆想都没有想过有一天会把中国艺术列入展览日程。在沃利和一些热心人士的努力下，"开门之后——来自中华人民共和国的当代绘画"展览于 1987 年夏天在洛杉矶附近帕萨迪纳的亚太博物馆开幕,展出了沪杭宁地区艺术家的 46 件作品,其中包括耿建翌、张培力、许江、汪建伟、陈钧德、俞晓夫、戴恒扬、孔柏基、陈家冷、刘国辉、沈行工、王公懿等从 20 世纪 80 年代至今都很令人注目的名家,也包括一些不太知名的年轻艺术家。正如沃利在展览画册中所说:"这不仅是一个艺术展览,也是为了使人们了解在当前中国关键性的变革时刻艺术方面的概况,以及艺术家,尤其是青年艺术家的面貌。"从这个角度来说,展览的确展现了在各种流派影响下新旧交替、多元共生的中国的 80 年代。沃利还请了前国务卿基辛格为画册作序。基辛格指出,新一代中国艺术家的作品是观察中国现代化进程的最好棱镜。

继"开门之后",阿科公司于 1991 年又赞助亚太博物馆举办了第二次当代中国艺术的展览"我不想与塞尚玩牌"。馆长卡曼斯基(David L. Kamansky)和策展人、加利福尼亚大学司特拉斯伯格教授在《美术》杂志编辑唐庆年的协助下多次来中国挑选作品。这次展览介绍了徐冰、王广义、张晓刚、吕胜中、魏光庆、喻红等重要的艺术家。两次展览都有画册和论文,在当时实属难得。沃利虽然没有参与第二次展览的筹划,但他最早穿针引线的功劳是不可埋没的。

在 20 世纪 80 年代,沃利差不多年年都来中国。他不仅自己发起或支持一些有意义的展览和活动,还运用他在慈善界的人脉介绍一些有实力的企业家介入中国艺术界,如促使美国最大的纸板制造商奥斯曼(Mr. Osman)先生赞助在杭州举行的"'88 中国油画邀请展",邀请著名慈善家考夫曼夫人(Lillian Kaufman)来华访问和赞助中国艺术赴美的展览等。沃利思想非常活跃,虽然他本人是一位学者,但却敏锐地意识到了市场对艺术发展的重要性,意外地成了把中国艺术家推向世界的开路先锋之一。有经济学家指出,月收入在 3000 美元以上的阶层才可能收藏艺术品,当时中国的经济条件显然还无法形成艺术购买力。沃利认为把中国艺术品介绍到国外市场去是完全可行的,他花了很多时间和精力来帮助打开这条途径，列斯特（Leicester）就是由他介绍而来的一位美国画商。这位犹太裔的画廊老板十分精明能干，以前曾代理过欧洲和墨西哥艺术家的作品，他利用地区之间的差价赢利，经营得相当成功。他一眼就看到了中国画家的市场潜力，但也觉得画家使用的材料质量难以为国外买家所接受，曾不辞辛苦，亲自携带十多箱画布和颜料到国内城市，免费提供给艺术家使用。列斯特和中国艺术的接触让他在 20 世纪 90 年代初越洋登陆，于香港创办亚洲艺术博览会，把这一当代艺术展销的模式引进到亚洲来，称得上是国际艺术市场的一大手笔。亚洲艺博会连续办了三届，到香港回归前才告中断。

20 世纪 80 年代末，沃利感到有必要建立一个为中西文化交流提供长期性支持的体制，就联络了几位友人，并邀我一起筹组了一个非营利的团体"国际艺术研究会"（International Institute for the Arts，以下简称 IIA）。为了吸引更广泛的支持，他邀请法国蓬皮杜总统夫人（Claude Pompidou）、美国前驻联合国大使特利（Donatelli）、芝加哥市文化专员哈里斯（Harris）、英国泰德美术馆董事布洛克（Bullock）、亚太博物馆馆长卡曼斯基（Manski）等组成高知名度的顾问委员会。IIA 最初介入的活动之一是资助浙江"世界美术研究会"创办了一份刊物《世界美术信息》。这是一份以介绍国外艺术动态为主的专业"参考消息"，约每月出版一期。中国当时虽有几份介绍国外艺术的期刊，但翻译出版的周期比较长，有相当大的时间差。这份小报强调信息的及时性，因此受到了美术界的欢迎。另一件有意义的活动就是协助在杭州举办一年一度的"全国水彩·粉画展"，IIA 赞助设立了几个奖项，还安排优秀的作品到美国展览。这项展览持续举行了很多年，推出了不少新人，对这个当时不太被重视的画种的复兴和发展起了很积极的作用。

1989 年春，沃利专程去北京与有关部门和单位商谈今后长期的合作项目。我曾和他一起拜会了中国艺术研究院冯其庸副院长，双方同意成为合作伙伴，并就计划的一些项目达成了共识。沃利对此感到十分乐观和振奋。在后来去成都、重庆等地的旅途中，他多次提到要尽快为 IIA 筹集一笔可观的基金，以便长期持续地开展活动。可惜的是，他的旅行和美好的设想由于骤然的形势变化而被迫中断。沃利在 4 月 7 日从上海虹桥机场登机回国，他满眼含泪，无限惆怅地和我握手道别。

此后中美之间的文化合作停顿了一段时期，不少官方和民间的交流项目都被搁置起来。由于前景莫测，IIA 也失去了继续建构完善的动力而不幸半途夭折。不过在 20 世纪 90 年代初，沃利还是利用他个人的影响帮助办成了一些事。例如 1991 年我策划在圣地亚哥州立大学举办"第一届中国美术创作研讨会"和成立工作坊，为海内外中国艺术家提供一个切磋交流的机会。沃利作为"美中艺术交流委员会"的理事，给那次为期一月的活动争取到了大部分经费。徐冰和陈丹青等不少艺术家都在工作坊期间创作出了很有分量的作品。沃利还帮助过其他一些中国艺术在美国的有关活动，但这时他的精力已开始减退。正当新一轮的中国艺术热在海外日益升温的时候，他却渐渐淡出了这个圈子。

我最后一次去探望沃利是 2004 年春天。我在曼哈顿离他家不远公园大道上的亚洲协会博物馆听讲座，散会后约了邱志杰一起去探望这位世纪老人。那时沃利已经卧床不起，但头脑还很清醒。邱志杰用他须臾不离身的录影机，录下了这间挂满了中国艺术家作品的居所，录下了五月下午残留在红砖院墙上的阳光，也录下了老人清癯的脸上凝结的笑容。邱志杰可能已经意识到，他是在为 20 世纪中国美术史上这一段逐渐褪色的历史，保留下珍贵的最后一页。

郑胜天

专访：与资深基金会观察家的对话

　　一般庞大富有的基金会都有许多朋友，鲜有批评者，沃尔德马·尼尔森就是这极少数的批评者之一。 他早年即参加福特基金会工作，此后一直作为基金会界的观察家，对此事业持续发表评论。 人们更为熟悉的可能是他在这方面的著作，如《大基金会》、《黄金捐赠者：大基金会的最新剖析》和《面临危机的事业》等，以及他在基金会界出版物《慈善纪事报》（ *The Chronicle of Phitanthropy* ）主持的直言不讳的专栏。 年逾八旬的尼尔森先生身材高大，满头银发，蓄着浓密的髭须。 他对基金会的感情显然是很复杂的：既热爱又失望。在最近的一次谈话中，他披露了自己的一些观点。

　　问：近年来基金会无论在数量和规模上都发展得很快，它们能起多大的作用？

　　答：公益事业一直对我们国家是有益的，像洛克菲勒和卡内基这样的企业家就创建了一些目标明确、效益良好的机构。 对社会来说，很需要有一些具有不同兴趣的捐赠人，有人关心动物的权益，有人关注国际和平。 这种多样性正是美国的特色，而且非常健康，使得公益事业更能适应社会变化的需要。 同时，它也是对社会中力量的过分集中化的一种抗衡。

问：基金会的效益到底如何？

答：我不认为在那些大基金会中真的有一些恶棍，或是黑幕重重；我也不认为它们真的会很愚蠢地把钱乱花掉，如给孩子们买巧克力糖块等；不过在基金使用方面确实比较趋于保守。 这不是说它们对社会没有益处，但是缺乏一种冒险的进取精神。

基金会是赞助机构，但并不等于它就自然而然会有效地、创造性地使用基金，它们能把经费分发得当就算很不错了。

问：这算是最低期望了，为什么我们不能要求高一些呢？

答：一个机构很快就会官僚化。 任何曾经向基金会申请过钱的人都知道，他必须与大量的公文和烦冗的手续打交道。 一个具有高度冒险精神而不保守的企业家主持基金会是很稀罕的。

问：有没有办法改变这一点呢？

答：站在基金会和基金会工作人员的角度，我必须指出，要创造性地发放赞助金，尤其是大数目的赞助金，实在是很不容易的事。 如果把赞助金用来支持现存的机构，如大学、研究中心之类，当然就会容易和安全得多。

问：有些人建议基金会应当适用于"日落法案"，即规定它存在的年限。 您赞成这种限制吗？

答：原则上我是赞成的，因为官僚体制易于僵化。 大体来说，从一位捐赠人在历史舞台上消失后，大约 30 年到 40 年之内，这个基金会就差不多完全失去个人特色了。 我不清楚是否应当限制基金会只存在 20 年或 30 年；不过我知道 10 年太短，这样做非常浪费，要获得一些经验需要花更长的时间。

问：我们应当继续保持给公益事业免税的政策吗？

答：当然需要有很强的激励，才能使人们把自己的钱财转手给公益事业。在有的国家中，财富被隔离和保持在某些人手里，这是不健康的，我们不会容忍这样的情形发生。

问：根据法律规定，基金会每年都必须至少用掉它财产的百分之五。是不是应该更多一些呢？

答：有些基金会更多关心的是怎样使自己不朽，而不是怎样造福于社会。我支持给予基金会更多的压力，及更多的激励，使它们把财富不断地分发出去。

问：您很年轻时就加入福特基金会工作，您愿意向今天的青年推荐投身于基金会的工作吗？

答：在大基金会工作是令人振奋的经验。如果一个人喜欢被人奉承和宴饮应酬，又没有特别固定的志向，这是很理想的安乐窝。人们会把你当特别人物对待，而所有这些令人发晕的阿谀奉承造成了一种很不健康的环境。你必须保持头脑清醒，别在太年轻时就忘乎所以了。

《纽约时报》
1999 年 11 月

INSIDE AMERICAN
PHILANTHROPY

关键的问题

第一章

美国公益事业的历史背景和未来潮流

本书要探讨的是有关现代公益基金会的问题：美国作为其孕育地的独特作用；对这个国家中所聚集的大量个人财富的世代交接的预测；这一历史性的转换对美国公益事业传统，尤其是对美国未来所具的意义。本书也要介绍那些捐赠者们：无论他们是圣人还是恶棍，聪明或者愚蠢，他们都是形成这一传统的主导力量。他们及其创立的基金会可能成为我们对付新世纪的严重挑战的重要国家资源之一。

诚然，各种各样的公益机构，包括学校、医院、孤儿院和修道院等已存在了许多世纪，且全世界多数地方都有。有的由当权者建立，但更多的是宗教机构，如在古代的埃及、中国、印度和罗马。历史上犹太教一贯重视个人慈善责任的原则，今天全世界的犹太社区都以乐善好施闻名。

许多世纪以来，基督教社会，包括新教和天主教都通过它们的教会设立了大量的学校、医院、孤儿院及其他慈善设施。伊斯兰世界同样具有悠久的公益事业传统。例如，仅在德黑兰一地，就有约 25000 个私人的慈善基金瓦克夫（Waqf）。

多数伊斯兰国家还设立专门的政府部门来监督它们的运作。这类超世俗的公益机构遍布全球，历史久远。从圣彼得堡到安第斯山脉，从耶路撒冷到佛罗伦斯、枫丹白露、坎特伯雷，都能见到它们的遗址。它们是人类对利他主义和荣誉共同向往的活生生的见证，但同时也显示了它的脆弱性，因为许多机构都是因管理不善而腐化、倒闭的。

在美国，非宗教的私人公益基金会的发展，是公益事业传统的很特殊的一个方面。这类基金会与政府或宗教实体都没有关系，它们筹划和推行的项目也远远超出了一般的扶贫济困。它们成为社会企业的一种特殊形式，为创造性地满足人类的需要提供了新的可能。现在，在一些西欧和拉丁美洲国家及日本，也有这种基金会，但仍以美国居多。

第一批美国的开拓者就带来了个人慈善行为的观念，后来的移民使其不断持续和加强。虽然公益事业的结构和方法一代代在改变，但其包含的精神始终如一。

自从美国革命以后，一些小型的私人公益基金会开始创立。它们有特定的目标，如发展天文学的研究，在南方为黑人提供教育机会，或在北方改善城市贫民窟居住条件等。19世纪中基金会的数目在增长，其资源稳定但是有限。

大约一个世纪以前，由于美国国内第一批可观的私人财富的形成，也可能由于那个时代的英雄主义精神，新型的公益基金会开始创立，并成为美国特有的成就之一。它们的创始者是约翰·洛克菲勒(John Rockfeller)那一代人中的几位。他们把自己财富的大部分投入这些新的机构，在他们的领导下，基金会显示了改善人类生存条件的巨大潜力。他们的创举影响如此之大，使公益事业的面貌和能量从此完全改观。

随后的几十年中，整个大陆趋于稳定，企业扩展，美国到处都在发财致富。基金会如雨后春笋，迅速增长。新英格兰地区和大西洋沿岸中部各州首先实现工业化,私人财富的增长促使基金会繁荣起来。带来这种变化的,在中西部地区是煤矿、钢铁和后来的汽车制造业;在东南部地区是棉花和烟草业;在德克萨斯州和西南部地区是石油业;而农业、飞机制造业和电子工业,把财富和基金会带到了西海岸。

如今,众多而富裕的私人基金会已成为独特的全国性现象。它们是美国民主平等的社会中具有很大灵活性的精英机构,已介入教育、科学、医药、宗教、艺术、国际事务等几乎一切领域之中。一个民主社会好像不可能允许这样既不受选民、股东或顾客的制约,政府的监督又几近于无的机构存在,不可能让它们拥有这样大的潜在能量和享有如此高度的行动自由,但这确实是事实。

其实,我们很快就会迎来一个基金会发展的新高潮,其数目将大量增加,资源的规模也会扩大。有确切的数据统计,在未来二三十年中,数以千计的百万富翁或亿万富翁将辞别人世,无数亿兆的个人财富将转入他们的子孙或慈善信托机构和基金会的手中。仔细考察一下这些将卷入的财富的数量,对我们作出预测是必要的。

美国刚刚经历了有史以来私人财富积累最迅速也持续最久的时期。20 世纪80 年代的经济发展和繁荣,使许多战后出生的婴儿潮一代得以发财甚至发了大财。据掌握这方面资料的《财富》杂志统计:美国现有约 64 位亿万富翁。而著名政治评论家凯文·菲利普斯(Kevin Phillips)估算,大约有 21 万美国人的身家超过1000 万美元。

虽然确切的数字难以得到,但有些学者的估计是经过精心计算并值得尊重的,其中就有康奈尔大学经济学家罗伯特·埃弗里博士的统计。他基于 1989 年美国政府为统计财富数据而对消费者经济状况所作的调查,根据现有的财富积累数字,并假定它将持续增长,估计到 2000 年时两代人之间移交的财富将为 9600 亿美元,2010 年为 32000 亿美元,2020 年为 65000 亿美元,2030 年为 92500 亿美元,而到 2040 年将高达 103000 亿美元。埃弗里博士还用另一种方式作出预测：在未来 40 年中，平均每年将有 2250 亿美元的遗产被继承。这是美国有史以来最令人震惊的私人财富积累数额，这种历史性的传承是由于一些特殊情况所造成的，这样的机会可能永远不会再出现。

不仅这一数字本身惊人，它们的分配也很值得注意。根据埃弗里博士和其他人的研究，发现在今天美国的老年人中，财富集中的比例超过以往任何一代：大约三分之一的财富掌握在 1％ 的顶尖的人们手中。同时，由于越是有钱人子女越少，要继承这一大批未来遗产的，将是极少数的人。最可靠的预测指出：1％ 的人将得到所有转手的财富的三分之一，9％ 的人将得到另外三分之一，而其他 90％ 的人则分享剩下的三分之一。

经过 200 多年的发展，美国基金会的数字现已达到 35000 个，共拥有资产 1750 亿美元，在全世界可说是绝无仅有。这一状况促使人们注意即将到来的巨大财富传接及其可能对美国公益事业的影响。即使仅有预估的 2％ 的私人财富捐入私人基金会（看起来完全可能），到 21 世纪的头十年结束时，美国基金会的数目、财产和赞助金额都会翻上一番。

如果以上估计的数字得以实现，或即使大体正确，它给美国社会带来的影响也是了不起的。美国现在正面临着一些越来越严重、但政府和目前的政治制度都无法有效应付的问题，如医疗保健、教育、社会福利、环境污染、吸毒、犯罪、种族矛盾等。那么，得到大量新的资源支持的非营利性私人机构，是不是能起到更大的作用，使局面有所控制呢？

因此，现在是个很恰当、也很关键的时刻来重新审视美国生活方式中这一独特的部分，既使得源源不断增加的慈善经费不会受政治目的、利益集团或国会中目光短浅的思维方式的左右，又可以得到最优秀的学者、科学家和社会改革家们来为其出谋划策。能不能用它来帮助美国社会处理那些最具威胁性的问题，甚至最终战胜它们呢？我们不能保证它行，但与过于僵化的政府相比，应当利用基金会这个既有潜力又不谋私利的特殊的美国资源。过去，最出色的基金会曾促使一些新的重要高等院校诞生；它们创建了重要的新医院、博物馆、千百个图书馆，改革了美国的医学教育，推动了整个领域的科学研究，为许多儿童、穷苦和无家可归的人提供了教育机会，帮助创立了公共传播网，以及为大城市中的贫民提供较好的住所。

美国社会的问题日益增多，但是政府资助的社会服务项目反而将会削减。因此，新世纪基金会对国民福利的作用变得空前重要。而根据对美国未来的经济和政治分析，预计在未来二三十年中注入公益事业的巨额资源，很可能将是最后一次。

由于这种奇特的巧合，对于危机重重而正在寻求解救办法的美国民主社会来说，私人基金会或许是个救星。但能否实现这一点则取决于下一代基金会运作的素质。在千百个将要出现的新的基金会中，有多少能保持活力、切合实际，并注重效率？有多少表现平平，或者无所事事？有多少不能胜任，甚至会完全垮台？它们中的佼佼者是大有可为的，尤其是如果政府和政治机构仍然僵化不变的话。

基金会能否及时处理美国的社会危机并取得成绩，主要取决于两个因素，就是其捐赠者的能力和决心。基金会的实际作用和效率，是由这些人士一开始就确立的，他们也是左右这个机构运作好坏的主要力量。

以下的章节就是要就上述的期望作一些基本的探讨，希望能帮助新一代美国公益事业捐赠者更有效地行事。

第二章

一切从捐赠者开始

　　基金会的首要之点是：它们并非始于某个理念、某个组织部门或策略计划，而是始于某一个人——它的捐赠者。这位人士的慈善行为是一切之源，其他结果——无论是好是坏或平平——皆随之而来。

　　开始时捐赠者控制一切。他们出钱，提出基金会的目的（清晰或空洞、广阔或狭小）；决定活动的范围、机构的形态（筹款或执行）、寿命（有限或无限）、选择董事会成员、是否让家庭成员介入；以及制定基金会的风格（积极活跃或消极被动、大胆创新或循规蹈矩）和行事标准（保守或改革）等。

　　基金会差不多一开始必然会反映出捐赠者本人最显著的优缺点。在大多数情况下，捐赠者是基金会成败的主要因素：好的捐赠者带来好的公益事业，无能或中庸的捐赠者就会产生无能或中庸的公益事业，而少数腐败的捐赠者也会带来腐败的公益事业。

　　由于许多基金会的建立是永久性的，而时间一长，捐赠者的勇气和创造性就可能淡化以至于消失，他或她的缺点也就同样会暴露出来并被克服。但直到死亡来临，以及其后相当一段时间，捐赠者对基金会的影响往往还是很大的。即使他或她在创建基金会之初对公益事业兴趣不大，头脑中也没有预定的明确目标，情况也会如此。

总的来说，捐赠者们在美国社会中是值得尊敬的人物。然而很奇怪的是，他们在美国公益事业中却几乎成了被遗忘的角色。他们的基本作用和独特个性逐渐被一代又一代继任董事们改变着的眼界所取代。能顺应学术、智识和社会潮流变化的专职人员的主见对公益事业的影响甚至更大。

然而，捐赠者仍然是每个公益机构人事的核心和起点。而且，由于美国正面临财富转移的巨大浪潮，因此目前研究捐赠行为、研究它的环境及其复杂性，比以往任何时候都更为重要。

谁是捐赠者，这是相当清楚的。无论钱多钱少，他们无疑都是富人，出于这样或那样的原因，他们把自己财富很可观的一部分捐赠或遗赠给了公益事业，使他们在美国富人阶层中脱颖而出。绝大多数的美国富人并没有这样做。

除此之外，捐赠者本身则在任何方面都是极不相同的：年龄、健康和精力、动机、家庭状况、主持公益事业的才能、感兴趣的领域、社会观念、运作风格等。他们创建基金会时的想法和情绪也很不一样——从热情高涨到极端消沉都大有人在。

捐赠者之所以成为捐赠者、之所以创建基金会，各自的动机相去甚远，不同的观察家对此所作的解释也大不相同。有些人的捐赠是出于单纯的利他主义精神；有些人把捐赠作为他们遗产计划的一部分；有些人是出于宗教信仰；有些人是为了获得社会地位和扬名；有些人则企图以此为自己的不良名声涂脂抹粉；有些人把捐赠作为手段，来支持他们所崇尚的事业——教育、艺术、医疗保健或其他；还有些人是出于对社区和本土的感情，或是为了对母亲、父亲或所爱的孩子的纪念；有些人希望以此为杠杆"使家庭凝聚在一起"；有些人的捐赠是有明确的目的；有些人则心中无数，也许只图留名后世而已。

　　哲学家和宗教思想家对于利他主义的冲动总难解释清楚，各种说法互相矛盾。古代的宗教经文和现代哲学与精神病学理论，全都对人生来天性善良持怀疑态度。《圣经》就认为人带着原罪而生，注定是自私自利的。哲学家托马斯·霍布斯(Thomas Hobbes)对于人类天性的描绘，就是把乐善好施说成表里不一和幼稚浅薄。其他哲学家，从柏拉图、马基雅维利，到卡尔·马克思，都这样论证过：人类的行为，除了自身的利益，是不可能有别的动机的。乔治·桑塔亚纳曾写道："在人类天性之中，慷慨的冲动是偶然发生而且可以逆转的；它们出现在童年时代和梦想之中，而到老年时往往减弱和变味。它们只是一种偶尔为之的友善，就像恶棍有时也会流泪一样。"《愤怒的葡萄》一书的作者约翰·斯坦贝克也有同样的观点，他认为"美国人的慈善心肠只不过是自私自利的委婉表现"。他曾写道："也许，在我们许多伪善的德行中，被捧得最高的，就是所谓给予。给予几乎总是一种自私的满足，而且在许多情况下，是一件彻头彻尾具有破坏性的恶行。你只需记住，有些贪得无厌的金融家，在他们一生中，用三分之二的时间来搜刮社会，而在余下的时间里再把它们还回去。这种本性永不知足，而且还改变不了它。"

　　然而，所有的主要的宗教，又都把利他主义当作人类最伟大的美德之一。"利他主义"这个词，在19世纪初的社会思想家的著作中开始出现。奥古斯特·孔德、爱米尔·涂尔干和让·皮亚杰及其他一些人，都相信它是世代传承的人类天性的一部分。涂尔干认为利他主义存在于一切社会之中。他曾写道："它在社会生活中不只是令人喜悦的装饰品"，而是其根本的基础。更早以前，使徒保罗在《圣经·新约·歌林多前书》中就曾说道："如今长存的有信、有望、有爱。这三样，其中最大的是爱。"

　　在20世纪，既有一些骇人听闻的事例印证了对人性悲观的观点，但也有不少令人振奋的事例印证着对人性乐观的观点。譬如，人们经历过纳粹"死亡营"的恐怖，但在被纳粹占领的欧洲，也有成千上万的人心甘情愿地去庇护犹太人，甚至不惜冒着生命的危险，并不求任何回报。

在美国，私人慈善捐赠的历史，是对人性怀疑论的另一种挑战。虽然只有很少一部分美国富人——也许只有2%——建立了自己的基金会，但是，这个比例数大大超过了其他任何一个国家。据统计，有职能在运作的基金会总数就有40000余家。还有众多的美国人，包括中产阶级乃至穷人，都对公益事业十分慷慨。

捐赠者在什么时候创建基金会，也就是说，在他们一生中何时开始捐赠施予，这个问题比一般人想象的要重要得多。对于捐赠者来说，最适当的时机似乎应该是在一个人已经具有比较丰富的生活经验，而本人的年龄和精力仍然能够使其赋予慈善行为以明智的目标、领导力和持续性的时候。现实中不乏这样的例子，但更为常见的新捐赠者往往都早已上了年纪而精力已渐衰退，整日操心的是公益事业以外的种种其他事务，包括家庭和健康问题等。有的人也许还在为是否要从公司退休、是否要放弃他们为之奋斗了大半辈子的地位和权力而烦恼，其他如丧偶、病痛、缺乏组织公益机构的经验等，都可能使他心烦意乱，望而却步。

对于这些年事已长的公益事业新手来说，他们在智力、体力和感情上都会承受沉重，甚至令人畏惧的压力。要决定给不给联合基金会捐款，该捐多少钱，或者决定自己的母校是否需要一幢新宿舍，那是很简单的；但是，如果想认真地采取措施去帮助降低犯罪率、提高教育成果、改善医疗保健或环境保护，那么，在观念上和运作上就会面对一大堆问题。看到相当多的新捐赠者在这种情况下不是那么经营得当和有效，我们也就不足为奇了。

还有一种情况更难办，然而也同样常见，就是临终的捐赠。这个人也许曾认真考虑过在"适当的时候"建立自己的私人基金会，但还没有来得及最后敲定，心脏病、中风或癌症就击倒了他。在这种悲痛无望的情况下，当死神正静候床前之时，突然要作出一些很重要而又艰难的决定。对死亡的恐惧，对身后留名的渴望，内心的悔恨、肉体的疼痛或感情的哀伤，以至于惊慌失措，这种种因素都可能左右基金会创建的过程——常常会使其陷入一个犹犹豫豫、毫无结论的死胡同——结果等于是把财产抛弃给别人或者放任自流。

考虑到这许多深层的感情因素，可以设想，捐赠者们建立他们的基金会的方式如果不是非理性的话，那么大多也是很外行的。由于过去绝大多数的捐赠者（又以男性居多）几乎都是在建立大企业方面富有经验的人物，所以从逻辑上可以推想，他们在筹办这种往往是自己生命中最后的"企业"时，会向熟悉这一领域的人士寻求可靠的意见，会汲取兄弟机构的经验，会挑选在公益事业方面确有能力的人士组成董事会和任职，并在对社会或科学的需求与机会作一定研究的基础上，为新基金会订出规划。然而，在大多数情况下，他们找来的不是自己的亲朋好友，就是他们的律师、会计师或财务顾问，因为他们先考虑的是法律、税务和财务上的问题。很典型的情况是，捐赠者对其他基金会的成败经验毫无研究，对他们自己的基金会也提不出明确的公益目标，在基金会的章程里，只是简单地引用税务法规中的"八股文"。他们选择董事时也不是以对方献身公益事业的决心和能力来考量，而只是看和自己的私人关系。这样一来，整个过程就常常变得很个人化和情绪化，而不是理性、客观地运作了。

尽可能详细地了解捐赠行为和基金会形成过程中人的复杂性，包括其情感与非理性的方面，对于认识美国公益事业的现实——它的多样性、它的经常性的失败，更主要的是它的伟大之处——是十分必要的。撇开关于慈善行为的充满溢美之词的神话，正面考察它对人类的挑战性，整个问题就会变得比较易于理解，也更加引人入胜。这样，我们就可以理解，为什么在新建立的大基金会（由临终捐赠者或对非营利性事业没有任何兴趣和经验的捐赠者所创建）中，有近三分之一在成立之初就陷入严重的，甚至灾难性的困境之中。我们也可以理解，为什么有许许多多的基金会，创建人光给钱却缺乏关心，结果一直是表现平平，毫无起色。我们还可以理解，为什么如此多的基金会，在捐赠者去世之后，就落入专职人员的掌控之中,其实它们从一开始就是被遗弃的孤儿。

全面描绘捐赠行为和基金会的形成,也有助于我们理解某些奇怪的矛盾现象:有些在生意场上最难对付的铁心汉,在公益事业中竟然真情流露;有些捐赠者平时对钱财方面最为狡诈多疑,而在自己行善时却十分天真;有些人对自己公司的发展颇具远见卓识、心胸开阔,但指导自己的基金会时却反而优柔寡断、不知所措。做这样一些考察,也有助于我们了解美国生活中关于荣誉和公民责任的传统。要不然,像亨利·福特、霍华德·休斯和约翰·麦克阿瑟这些没有慈善之心、腐败、甚至精神变态的捐赠者所脱手的财富,怎么可能在他们死后由其董事和职员转化成为造福社会的公益事业。也许最为重要的是,对基金会的创建做一番明辨是非的调查,使我们可以领悟和珍视那些建立起大基金会的捐赠者们的非凡成就——这些杰出人物所给予基金会的,不仅仅是资金,而且是见识、勇气和作为企业家的才能。

事实上,在美国建立了伟大的公益事业传统的捐赠者名单上,包括了各色人等:有社会下层的罪犯和精神变态者,有无足轻重的老好人,有不守陈规、高瞻远瞩的英雄,还有天才的组织家——他们把自己在商业和金融业中所积累的创造性才能,运用到完全不同的科学、教育、艺术等领域之中。他们的面貌是如此不同,他们的故事又是如此非同寻常、多姿多彩、令人惊异和振奋。只有将他们的全身肖像都陈列在一个画廊之中,才能准确地展现他们的不同个性和特色。仅做一点概括性的观察和统计是远远不够的。

这些冒险家,这些摇钱树的栽种者,这些圣人、英雄或流氓,是一种特殊类型的男人和女人。他们的故事,构成了美国公益事业丰富而真实的人间传奇。

下面引述的一些话,有的取自传记材料,有的是笔者与不同的捐赠者多年共事中所听到的。这些引语可以使我们领会许多捐赠者在作出他们慈善行为的决定与承诺时深刻的个人感情背景。

"带着财富进棺材是丢人的。"

"如有可能,我只要买一件特大寿衣穿走就够了。"

"这笔钱是我赚的,你们必须想出主意来拿它干什么。"

"这很有趣,令人兴奋,就像一个小孩进了糖果店!我喜欢。"

"我不想被人忘记!我不想被人忘记!这就是我为什么要这样做的全部原因。"

"我喜欢去倾听、去接触我们所帮助的小人物。他们的拥抱和欢笑就是对我的报偿。"

"建立一个基金会,就像是举行一场过早的死亡仪式。我不愿去面对它。"

"说实话,我的钱财比我的主意多得多。"

"我这么做,仅仅是出于对我死去的亲爱的母亲的爱。"

"挣钱是我的本事,把它捐献出去可就不是我的所长了。"

"我相信,是上帝要我这么做的,他会奖励我的。"

"正如那个古希腊人所说,通过这个支点,我可以移动世界。但移向何处?你有什么主意吗?"

"这是生命所能提供的最崇高的欢乐。"

"这一切来得太晚了、太晚了,而且律师太多了。"

"我父亲死于癌症,我哥哥死于癌症,我也得了癌症。我要竭力去阻止这种灾祸。"

"得到平等,得到尊敬——这就是慈善行为所给予你的,而且这一切令人开心。"

"这将是我留下的痕迹,我在永恒之中留下的小小印记。"

"我有能力,我能作出成绩来。我的生意成功了,只要上帝给我时间,基金会也能成功。"

"稍许的施舍是容易的，要大把地付出就很难。"

"我爱这个城镇。这听起来好像很傻，但这是我在人间的家园，我有债要还。"

"为什么、为什么、为什么我没有早一点开始？"

"这是一个人能盼望拥有的最最难得的殊荣，都好像有了一点点成了上帝的感觉。"

INSIDE AMERICAN
PHILANTHROPY

02

居高领先的潜力

第三章

三位过去的巨人

那么，就让我们先从顶峰开始、从美国公益事业成就的最高点开始，来审视这些人、这些事。

不知是否是历史的巧合，公益事业中的三位巨人，在进入 20 世纪前后的几十年间，相继出现在美国的舞台上。他们创建了现代的公益基金会，而且展示了它的极大潜能。他们以自己的作为在美国历史中留下了不可磨灭的印记。

他们的名字是：约翰·洛克菲勒(John Rockefeller)、安德鲁·卡内基(Andrew Carnegie)和朱利叶斯·罗森沃尔德(Julius Rosenwald)。他们全都出身于普通家庭，又都作为商业企业家获得了巨大财富，而且全都在一生的大部分时间里献身于公益事业，为之捐出了他们的财富。最重要的是，他们都能够把自己在商业上取得超凡成功所依靠的创造性的企业管理和组织才能，运用到公益事业之中。

洛克菲勒，由于强烈的宗教信仰的驱动，视自己为上帝的仆人，把巨额财产中很可观的一部分献给了公益事业。卡内基，这个贫困的苏格兰激进派移民的儿子，出于对收容他的国家的感激之情和一种社会责任感，去帮助穷苦、不幸的人们改善自身状况和生活条件。罗森沃尔德，一个欧洲犹太移民之子，则感激他的新国家所给予的自由和平等，觉得自己对所有处境不幸的美国人和世界各地的犹太人负有强烈的义务。

这三个人在公益事业中都有无限的眼界和无比的雄心——从全国范围的改革和机构创新，扩展到世界范围的医药、教育、国际事务等项目。在眼光、技巧和成就方面，他们都是真正的巨人。一百年之后，他们的才华也仍然光芒四射。

约翰·洛克菲勒

就公益事业的规模及其对美国乃至全世界人类福利的影响而言，约翰·洛克菲勒先生也许是这三位令人敬畏的人物中最重要的一位。在他以前和自他之后，直到如今，没有一个捐赠者的成就能够与他相比。

十分荒唐的是，20世纪的最初10年里，洛克菲勒由于其冷酷无情的经商之道而受到了公开的嘲弄。报纸曾把他描绘成"当代的超级恶棍"、"美国最可恶的男人"，当然后来的历史学家们对他的评价相对要缓和一些。然而，即使在早期境况维艰之际，他的慷慨也是毋庸置疑的。他所创建的主要机构，包括洛克菲勒医学研究所（现在的洛克菲勒大学）、普及教育委员会、洛克菲勒卫生委员会、洛克菲勒基金会和劳拉·斯佩尔曼·洛克菲勒纪念基金。他对这些机构的馈赠总值（按捐赠当时的市场价值估算）超过5亿美元，如果按现在的美元比价计算，这个数目还要再大若干倍。而且，这个人的公益事业的与众不同之处，还不在于规模，而在于质量——在于其伟大的开拓性的目标及其辉煌的成就。差不多所有自此以后的公益事业与之对比都相形见绌。

洛克菲勒公益事业的根基，在于他的宗教修养。他是个虔诚的浸礼教徒，把自己看作上帝的仆人。他曾说过："我相信，我赚钱的能力是上帝的赐予才具备了这种天赋。我认为，我的责任就是赚钱，不断地赚更多的钱，并根据我的良心的指令,用这些钱财来为我的同胞谋福利。"洛克菲勒的婚姻更增强了他的社会良知。他的妻子劳拉的父母斯佩尔曼夫妇,是公理会教友,狂热的废奴主义者。斯佩尔曼在内战期间是地下铁路的经营者。亚特兰大的斯佩尔曼学院(南方第一所为黑人妇女开设的"进修学校"),就是以他和劳拉母亲的名字命名的。生意、家庭、教堂和善行,是洛克菲勒的全部生活圈子。

在1872年他的生意规模尚小时,洛克菲勒就开始每年拿出7000美元给公益事业;到1882年捐赠数已增加到25000美元;到1892年又猛增到150万美元。此时这些零零碎碎的捐赠大都与他的教会有关(包括学校、医院和传教活动),消耗了他大量的时间和精力。在他宣布了一笔相当数目的捐赠之后,又有近5万封恳求援助的信件潮水般向他涌来。他的压力很重,健康不佳,使他开始产生"要么卸掉一些重负,要么干脆放弃捐赠"的想法。

但就在这时,机缘巧合之下使他作出了有关他的公益事业的一个无比重要的决定:聘用一位38岁的年轻人弗雷德里克·盖茨(Frederick Gates)担任他的助手。盖茨当时是美国浸礼会教育协会的主任,而且他刚刚完成了对全国浸礼会学院落后状况的调查研究(其中有些学校洛克菲勒曾经给过少量资助)。盖茨的结论是:高等教育领域所需要的,是一个按高标准设立的优质的新教育机构。它不应设在东部,而要设在中西部,那里正在形成新的贸易和工业中心。洛克菲勒对盖茨的报告和他本人都很感兴趣,后来给了总数4000万美元的捐款,来建立一所新型的学府——芝加哥大学。

洛克菲勒对最初一系列罕见的大笔捐赠的决策过程,就体现了他以后慈善行为的特征:对每个想法进行严格的企业式的评估,保证有良好的组织领导,在采取行动之前反复考量等。他的另一个特点是常会被一些宏大的、令人振奋的设想所吸引。他帮助创建了大西洋岸以西第一所出类拔萃的大学和师资队伍(当时在美国,这样的大学只有哈佛大学和约翰·霍普金斯大学两所)。这所教学与科研并重的新型超级大学的建成,表明如果洛克菲勒对某个项目有信心,就会作出重要的财政承诺。

此后,洛克菲勒对盖茨的信赖越来越深,他们两人在一起形成了美国公益事业中前所未有的最强大和富有创造性的力量。这一对伙伴很不寻常,从他们的关系中可以深入地理解洛克菲勒作为一个慈善家的特殊品质。

洛克菲勒是一个含蓄的、沉默寡言的人,他抑制感情几乎到了禁欲的程度。他从不高声说话和情绪外露,遇事总是三思而行。盖茨则相反,他热情洋溢,善于言辞,勇于畅想——一半像传教士,一半像企业家。他有时有些傲气,但总是直言不讳。他会冲着洛克菲勒大喊大叫:"你的财富在不断增加,像雪崩一样滚滚而来。你必须紧紧跟上!你必须用比积累更快的速度,把财富散发出去!如果不这么做,它们就会毁了你,毁了你的孩子和孩子的孩子!"而一向能接受盖茨意见的洛克菲勒,会在那里倾听着。

进入 20 世纪之后,洛克菲勒的儿子小洛克菲勒也加入了他们两人的班底,形成了难以替代的最佳组合。盖茨看起来是其中最有能量和创意的一分子,但实际上,每个人在小组内发挥的具体作用是很难分清的。特别是对老洛克菲勒来说,因为他总是不溢于言表,他的领导和掌控作用并不那么直接。洛克菲勒医学研究所建立的过程,就是一个很好的例子。

1897 年,盖茨读到柏林的罗伯特·科赫研究所(Robert Koch Institute)和巴黎的巴斯德研究所(Pasteur Institute)治疗炭疽病之类疾病的成功发现之后,建议洛克菲勒在美国也开设一所类似的医学研究所。洛克菲勒同意了。然后,洛克菲勒以他惯用的方式,与美国和欧洲医学界的领袖人物进行磋商,并采取有效步骤,使美国医学界的杰出科学家都能参与这一事业。

1901 年,洛克菲勒实现了他的承诺,这个医学研究所建成了。它很快就成为全世界最大的医学研究中心之一。多年来,它培养了一系列荣获诺贝尔奖的科学

家,取得了许多重大的科研成果。洛克菲勒为此先后投入了6000多万美元。1954年,在洛克菲勒家族第三代的支持下,这个研究所扩建为洛克菲勒大学,它至今仍然是全世界生物医学领域领先的研究和高级培训中心。

医学研究所创建后仅仅两年,一个更加雄心勃勃的事业单位——普及教育委员会——组织起来了。盖茨和小洛克菲勒在其中起了主导作用。在将近20年的时间里,这个新的机构为改变内战后南方的面貌所取得的成就是具有革命性作用的。委员会有效地发挥了有理想和才干的南方自由派人士(而不是外来人)的作用,使改变南方地区传统教育方式的努力能够得到普遍接受。它将一支负有使命的专家队伍渗入到各州的教育部门中,去推进为白人和黑人建立公立学校的主张,并发款来培训小学教师和督学。但不久后情况就显示,这些措施的利益大都流向白人儿童,而没有惠及黑人儿童,洛克菲勒对委员会提出了有礼貌但很强烈的抨击,要求他们迅速纠正不公平的做法。委员会为此专门拨款给南方各州的教育部门,让他们聘用一些全职的专员来改进黑人学校的工作。

不久以后,委员会认识到要发展公立学校体制,政府必须有足够的税收,于是开始广泛地向农村地区的贫困宣战。它在全区引进了农业试验和农场示范,其中一些项目后来为联邦政府所接管或支持。

1912年以后,这个普及教育委员会又开展了一个大规模的项目:全面审视并提高美国的医学教育,因为当时这方面远远落后于欧洲学校的水准。委员会之所以作此决定,是基于亚伯拉罕·弗莱克斯纳(Abraham Flexner)在安德鲁·卡内基赞助下所提出的一份爆炸性的报告,这份报告揭露了当时美国医学院校极其严重的不健全状况。委员会为这项医学教育改革项目耗资数千万美元,它也许是美国公益事业历史上首屈一指、最令人瞩目的成就。

1909年,普及教育委员会还建立了一个分支机构——洛克菲勒卫生委员会,去根除南方的钩虫病害。事情的起因是委员会的领导人华莱士·巴特里克

(Wallace Buttrick)博士在一次旅行中,遇到了公共卫生部门的官员、研究钩虫病的权威 C. W. 斯泰尔斯(C. W. Stiles)医生。后者有力地证明这种病是可以治愈也是可以预防的,而且花费不大。巴特里克被说服了,就去找盖茨,盖茨又去找了洛克菲勒。经过一年时间的仔细研究,洛克菲勒拿出了一大笔捐款组成了这个新的委员会。此后的 5 年里,委员会着手防治这一祸及千家万户、上百万人口的病害。到 1915 年,这个项目的最后报告说明,在整个南方,治疗及预防钩虫病的任务已经胜利完成。

当这项重大任务尚在实行之时,盖茨已经把目光投向前方,要创建一个大规模的新的洛克菲勒信托基金,以"促进全球人类的福利"。洛克菲勒在 1909 年即表明,他已准备把这一设想付诸实践。创办医学研究所和普及教育委员会过程中所取得的经验使他确信,把大笔经费托付给一个由专家和具有治国才能的人士组成的独立委员会,是能够取得显著成效的。他有机会结识了一些行政人才,除了巴特里克,还有威克利夫·罗斯(Wycliffe Rose)博士,他对这位前哲学教授赋予充分信任。

于是,洛克菲勒以自己一贯井井有条、实事求是的方式,为这项他一生中最后的,也是顶峰的公益事业做好了人事安排,来着手创办头一个全球性的大公益基金会。他于 1909 年就投入 5000 万美元建立了信托基金,但由于当时洛克菲勒在社会上声誉不佳,经过三年的政治辩论洛克菲勒基金会才得以注册。一经注册,这个新的机构便发起了一系列雄心勃勃的项目。以原来的卫生委员会为蓝本而建立的国际卫生部,开始在全球范围先后展开消灭钩虫病、疟疾、黄热病及其他传染病的运动,并取得了引人注目的成功。它在中国的医学委员会创建了规模三大的北京协和医学院,成为在亚洲传播现代西方医学知识的中心。

接着,洛克菲勒基金会又致力于推动在美国和海外建立处理公共卫生问题的永久性的政府机制。借助于基金会的力量,国内外第一批重要的公共卫生学校和

公共卫生护士学校相继建立起来。

到了 20 世纪 20 年代初,这种爆发性的巨大创造力开始减退。盖茨退休了;洛克菲勒此时已年过八旬,开始脱身出来享受家庭生活和高尔夫运动之乐,并照料自己的投资。最后,他死于 1937 年,享年 98 岁。

毋庸置疑,这位约翰·洛克菲勒先生作为美国最伟大的公益事业的先驱者,取得了卓越的成就,但他能取得如此成功的方法却并非广为人知。在企业经营上,洛克菲勒无与伦比的成功很大程度上取决于他高超的组织能力。他以自己的专心致志、远见卓识和冷酷决断,在原来一团混乱的石油工业中,创建了世界范围的一体化公司。他还展现出一种才华,即善于挑选富有能力的伙伴,把他们聚集在自己周围并委以重任。

也许,除了冷酷无情之外,上述品质也是他在公益事业中取得出色成就的原因。他是个能做善事的人,但并不多愁善感。他对那些看起来也许完全是 19 世纪的观点,诸如只是"改善人们生活"、仅仅为了缓解需求的单纯慈善目的而散发钱财这样的观点并不感兴趣。他相信工作和生产的能力才是人类幸福的基本源泉,因而公益事业的任务主要是培育人们自立自强的素质,从根本上消除困苦的原因,而不仅仅是减少困苦的表象。事实上,他认为如果将生活对人们的赐予重新分配,只能造成对文明的灾难。

就个性而言,洛克菲勒并不善于言辞或易于迎合。他的文化程度和视野相当有限,他读书不多,对文学、科学和艺术兴趣都不大,也不很擅长与教育和社会福利界的领袖们共事。他冷漠离群,总之,是个很难讨人喜欢的人。

他之所以投身公益事业,是那种基于他的传统基本教义信仰的义务感所迫使。他在自己的公益事业中,发挥了使他在生意场上获胜的自身优势:专心致志,善于选择能干的伙伴,乐于接受宏伟大胆的创意,并投入大量财力使之实现。

最重要的是,洛克菲勒是一个既有战略眼光又亲自督阵的捐赠者,不过他并不样样插手，干预一切。他一生中只去过他的医学研究所一次，而且过程可谓走马观花。在建立起普及教育委员会之后，他在五年内都没有与他们见过面。洛克菲勒基金会建立以来，他也从未参加过董事会的会议。这种超然姿态和远距离的控制，使一些观察家低估了他在公益事业中的作用，只把他当成一个被动的因素，而把盖茨和小洛克菲勒看作是所有成就的缔造者。这真是一个荒谬的判断。要知道可从来没有人否认过老洛克菲勒在他的企业中所发挥的主导作用，即使在1893年他身患重病和两年后"退休"之际，尽管他极少到办公室去，人们还是不得不承认他对公司事务所起的举足轻重的作用仍然延续了20年之久。

在洛克菲勒的公益事业中，是他本人选拔了盖茨作为自己的主顾问，也是他本人把自己的儿子培养成为三驾马车中的第三位成员。在他所有的活动、生意和公益事业中，老洛克菲勒都是认真专注、有条有理、坚决果断的。是他，最后为每个重大项目拍板定案，包括确定它的经费、挑选委员会成员和一些主要负责人。他是首领，他们是他的代理人。所以，整个公益事业所取得成就的归属也要相应地有主次之分。

安德鲁·卡内基

安德鲁·卡内基是三位巨人中最慷慨大方的一位。就工作、能力、自信、雄心以及对他所参与的一切事业的鼓动力而言，他堪称无与伦比。

卡内基是一个贫困的苏格兰移民的儿子。他9岁就开始工作了，到15岁已是一名熟练的铁路电报员。25岁时，对他非凡的精力和才能颇为欣赏爱惜的上级，帮助他走上了发财之路。他很快被提升为铁路的高级职员，进而一步步成为富有的企业家和石油、铁矿、桥梁、采掘、钢铁制造等行业的投资人，最后拥有了属于自己的巨大的煤炭钢铁一条龙联合企业。到1901年他66岁时，以4.8亿美元的价格，将整个企业卖给J. P. 摩根，而把自己的余生献给了多种多样的公益事业。

在做生意和其他许多事情上,卡内基都是一个相当矛盾的人。作为一个激进的苏格兰改革派的儿子,他总是自称与普通劳动人民很亲近,并同情他们的需求。但是,在处理企业事务时,他又不断抱怨工资率太高。在他位于霍姆斯特德的工厂的一次臭名昭著的打击罢工事件中,他竟然支持对罢工者的血腥镇压。在生意场上他冷酷无情,咄咄逼人;但在家里,他是妈妈的乖儿子,直到母亲去世才成婚,那年他已经51岁了。在美国,卡内基不遗余力地吹捧现存的企业和政治的权势集团;但在英国,他收购了一个连锁报系,来宣传废除君主政体和贵族院,废除英国教会。他坚信适者生存的法则,认为不该纵容穷人;但在他生命的最后20年里,却把自己百分之九十的财产捐给了公益事业。

这个处处自相矛盾的人几乎没有受过正式的学校教育。他自学成才,不仅在商务和政治上,而且在音乐、国际事务,以及今天称之为公共关系等方面,都有着丰富的见识。他是一个很能打动听众的演说家,还经常撰稿阐述自己的"财富福音"。他在杂志发表的两篇论述慈善捐赠是富人们应尽的义务的文章,产生了巨大的影响,在当时曾引起一场学术辩论。

其文章的基本观点是,富人有责任树立一个有节制而不炫耀的生活榜样,不铺张奢华;也有责任适度地满足那些隶属和依赖于自己的人的合理需求。除此之外,富人应当把所有到手的盈余收入都看成只是一种信托基金,他们所直接承担的责任是要以自己认为最有效的方式去管理这些资源,使之为社区带来最大的利益。这样,富人就变成了他们穷苦的兄弟们的受托人和代理人。

在卡内基卖掉他的公司之后两年,他退出生意场,把全部时间和精力用于公益事业。他已经有过捐赠的经验,25年前,他为故乡苏格兰的邓弗姆林捐赠了一座游泳池。当有些亲戚要求他再给他们的教会多捐一些钱的时候,他又勉为其难地捐了一架管风琴——他觉得风琴音乐大概是星期日教会礼拜的唯一可取之处。这件事渐渐地竟然发酵成他的慈善活动之一。当他馈赠教会风琴的事流传开来后，全国各地和国外的许多教会都向他提出了类似的要求，使他应接不暇。陆续得到他捐赠风琴的教会多达 8000 个，其中一半在美国，另一半在其他英语国家。对于一个根本不信教，而且以有理有序的"科学性的公益事业"先锋自居的人来说，这是相当离谱的。但是，卡内基显然并不在乎自己的自相矛盾、前后不一。

1881 年，当他的财富积累已相当可观时，他提出捐款给匹兹堡建造一座公共图书馆，但市政府必须负责购置图书和管理。他后来又附赠了一大笔钱，让图书馆开办了八个分馆。他还赠款建立了一个美术馆、一个博物馆和一个音乐厅，它们后来组成卡内基理工学院的一部分。这所学院得到他的更多捐款，又扩建了一些技术学校、一个女子学院、一个图书馆培训学校和一所自然史博物馆。在这一宏大的项目完成时，卡内基捐款的数目已达 2800 万美元左右。1967 年，这个学院与梅隆工业研究所合并成立了卡内基梅隆大学。

从某些方面看，这些早期的慈善尝试很典型地说明了卡内基从事慈善活动的方法，他的优先选择及他设定捐赠条件的理由。他从自己自学成才的经验中认识到，图书馆实在是人们获取知识以自立自强的最佳场所；而技术学校能够帮助人们获得谋生和从事有益工作的技能。至于艺术，特别是音乐，卡内基觉得是给人们提供"精雅的消遣和教养"的有效手段。

在匹兹堡图书馆开馆的那天晚上，卡内基在讲话中指出："由于匹兹堡市明智的决定，这个图书馆得到了社区的支持，这就避免了公益事业中的一切弊端。匹兹堡的每个市民，即使是最不起眼的，现在走进的是他自己的图书馆，因为哪怕是最穷困的劳动者也直接或间接地付出了他们的一分奉献。"卡内基没有要求市政府为美术馆和博物馆提供经费，他说这些设施"应被看作是文化奢侈品，不该花费公币"。

在他的《财富的福音》(The Gospel of Wealth)出版以前，卡内基也开始向另外一些社区捐款建造公共图书馆，只要他们同意为图书馆提供长期支持。结果这成了他最大的一笔捐赠项目，也使他作为一个慈善家，在国际范围内声名鹊起。在以后的几十年中，他先后捐出 6000 多万美元，在美国、英国、加拿大乃至斐济等英语国家，建立了近 3000 个公共图书馆。而这么多的捐赠都是由他的私人办公室和少数几个职员一手经办的。

在刊载他关于公益事业著名文章的出版物问世后两年，卡内基以 4.8 亿美元把他规模巨大的企业卖给 J. P. 摩根，成了当时世界上可能最富有的人。他立即按照自己的信念，将他的巨额财产大量地捐赠出去。从 1901 年到 1911 年这十年间，其个人公益事业急剧扩展的规模是举世罕见的。

1901 年，他捐赠了 1000 万美元为苏格兰大学设立了卡内基信托基金，以改善该校的教学与科研条件，并为学生提供奖学金。

1902 年，他创建了华盛顿特区卡内基研究所，以在天文学、地理学、生物学、营养学、热力学及其他一些学科中开展广泛的基础科学研究和实验，这是在纯科学领域内组织跨学科研究的重大关键措施。卡内基在由著名科学家组成的顾问委员会的帮助下，前后投入了 2230 万美元来兴建这一事业。

1903 年，卡内基捐赠了近 400 万美元创建邓弗姆林信托基金，为他出生的这个苏格兰小城提供文化娱乐设施。他还捐出 150 万美元，在海牙建造了一座和平宫，作为刚成立的解决国际争端的常设仲裁法庭的庭址。

1904 年，他捐出 200 多万美元建立了卡内基英雄基金，以表彰冒生命危险拯救他人的公民，并给牺牲者的配偶及受赡养者以抚恤。

1905 年，他始创了又一个重要项目——卡内基教学促进基金会（CFAT）。他说："在所有专业中，酬劳最低的是我们高等院校中的教师。"最初，CFAT 只是发放补助金。不过，他及时地发现这样做不切实际，于是又设计出了另一个须受惠者参与的计划，这就是众所周知的美国教师退休基金会（TIAA-CREF）。现在可加入这项计划的不只是大学教师，还包括所有各种非营利组织的雇员。它已成为世界上最大的私营养老金系统。作为开路先锋，它最早树立了私营养老金体制的模式。

CFAT 的另一项目的，是对美国高等教育的需要进行研究。其成果之一就是引发洛克菲勒对美国医学教育进行重大改革的那一份著名的弗莱克斯纳的报告。据称卡内基向 CFAT 捐助的工作经费达 3000 万美元。

1906 年，卡内基建立了他的简化拼写委员会，试图推广一种简单而更合理的英语拼写方法。他为此大造声势，并允诺说，只要让他相信成功有望，他将不断地给予支持。结果并没有成功。这是卡内基把重大创意和他个人独特想法融合在一起的又一个例子。

卡内基从商务活动中退出后，以极大的兴趣和热情投身于公益事业。但过了近十年，他已感到疲倦。他的注意力和精力逐渐转向他所热衷的另一事业：寻求世界和平。以前，在西美战争爆发时，他也和许多人一样赞成侵略；如今，他转向了反面，开始谴责任何形式的战争，认为它们都是野蛮的，都是"对我们文明的可耻玷污"。

当支持和平倡议的机会来临时，卡内基立即作出反应。1907 年，在华盛顿举行了中美洲和平会议，成果之一是建立了中美洲法院以仲裁争端。卡内基捐款兴建了法院的建筑，一年以后，他又为在华盛顿建造泛美联盟大楼提供了资金，再一次表现出了对倡导国际合作的支持。

1910 年，他更进一步，拿出 1000 万美元设立了卡内基国际和平基金会（CEIP）。它提出的任务是：研究战争的起因；协助健全国际法；对公众进行有关战争和防止战争的教育；促使人们普遍接受以和平方式来解决争端。卡内基按自己的一贯做法，宣布他对选出的杰出的董事会成员完全信任，让他们有"最充分的权限"去决定需要采取的手段和政策，只要他们"牢记一个最终的目标，即迅速消除在所谓文明国家之间发生的国际战争。不达目的，绝不罢休"。

在建立国际和平基金会一年后,卡内基作出了自己最后的,也是最重要的一项慈善行动,创建了一个具有广泛目的的基金会,名为卡内基公司(Carnegie Corporation of New York,即"卡内基基金会")。基金会可以把它的资金用于任何事业,或给予任何机构,只要董事会及未来的继任者们认为是对"增进与传播知识和人民对其的了解"至为重要的(参阅第十八章)。卡内基将1.25亿美元的款项转入这个基金会名下,从而实现了他的承诺——在有生之年把自己的剩余财富全部发散掉。在他将近5亿美元的家产中,最后留给家人的不过1500万美元左右。

除了为公益事业出力外,卡内基在第一次世界大战前的年代里,还写了无数的信函和文章寄给不同的国际知名人士,并利用一些身处高位的朋友们的广泛关系,以促进和平和不抵抗主义的目标,只是无济于事。到1917年4月,甚至卡内基国际和平基金会的董事会也正式宣告:"实现世界永久和平的最有效手段,就是把反对德国帝国主义政府的战争进行到底,取得最后胜利。"几年之后基金会才重新启动它的预定项目。在卡内基生命的最后岁月里,时事发生如此逆转,使他深为沮丧。有幸的是,他还是在生前看到了停战协议的签订,没有在完全的绝望中辞世。

这位小个子的苏格兰人像是一颗在公益事业的天穹中穿越而过的闪亮流星,没有人比他更耀眼。他有堂吉诃德式的精神和传教士的狂热;自相矛盾,但机智狡诈;无比乐观,又不停创造;在前半生贪得无厌,而后来却慷慨豪爽。卡内基看起来似乎是一个不可能存在的人物,但他确实存在过。

朱利叶斯·罗森沃尔德

在伟大的捐赠事业史上的三巨头中,朱利叶斯·罗森沃尔德有着特殊的光荣地位。他最为执着地献身于促进美国民主、反对种族和宗教偏见的事业。与不善表达的洛克菲勒不同,罗森沃尔德也像卡内基那样就公益事业和慈善家的责任等问题写过许多重要的、富有哲理的文章。

罗森沃尔德是一个来自德国的穷苦犹太移民的儿子,在伊利诺伊州的斯普林菲尔德长大,他的父母在那里开了一家服装店。他于 1879 年在读了两年高中后前往纽约,到一个亲戚的公司里当学徒,学习服装生意。在这个城市里,他目睹了大批因俄国的排犹暴行而投奔美国的贫苦犹太人的困境,感同身受。后来他回到伊利诺伊州,在芝加哥做起了服装生意。1895 年,在家庭的帮助下,罗森沃尔德购进了一家正在为生存挣扎的新目录邮购公司——西尔斯-罗巴克公司的股份。当他掌握了公司经营权后,这家企业一下子就蓬勃发展起来。15 年间,在联邦所得税实施之前,罗森沃尔德的财产已达 2 亿美元。

尽管取得了可观的成功,罗森沃尔德一直保持着谦逊的态度。有一次他对新闻记者说:"我相信,一个人的成功,百分之九十五是靠运气,剩下的百分之五靠本事。我永远不理解为什么人们都认为赚大钱的人就是聪明人。我认识有一些靠自己发财致富的有钱人,他们也是我平生所见的最愚蠢的人。"

随着自己财富的不断增长,罗森沃尔德开始在芝加哥市政中发挥积极作用。他非常认真地履行自己的公民义务。在自己后半生的几十年里,他一直作为一股巨大的动力,促使城市生活,特别是贫困的移民和黑人的生活得到不断改善。

从在纽约当学徒时开始,罗森沃尔德就一直很爱行善事。那时他曾对友人说:"我生活的目标是,每年赚 15000 美元,其中 5000 美元自己开销,5000 美元存起来,另外 5000 美元用作慈善捐款。"在后来的年月里,他捐款的规模确实是随着财富急剧上升而不断增加。

到 1912 年罗森沃尔德 50 岁时,他每年的捐款已达 50 万美元左右。他的这些捐款,不是根据什么庞大的慈善计划,而是以零散的方式分别捐赠给许多公益机构和贫困的个人。每一笔捐赠,都是他自己决定的。除此之外,他还开始提供一系列大笔的补助捐款,在美国至少 25 个城市中,为黑人建造了男、女青年会。这

时正处于黑人从南方农村社区向北方中心城市大规模移民的时期，这些新建造的设施，不仅为他们提供了住宿和娱乐的地方，而且也为他们举办职业培训和其他教育课程。这些创举使罗森沃尔德闻名全国。

当罗森沃尔德的捐赠持续增多时，人们对他的要求也日益增加了。他不得不雇用一个助手，来协助审查千百件从全国各地乃至世界各个角落潮水般涌来的申请书。不过，所有的捐赠仍然都是由他本人决定。对他来说，这不仅不是什么负担，而且是一件愉快的事，给予他极大的个人满足。

通过亲自介入捐赠活动，罗森沃尔德形成了自己办公益事业的风格和方式：所有他做的，大都出于对受压迫者和弱势群体的强烈同情。也许，这正如他所说："因为自己属于一个世世代代遭受迫害的民族。"不过，他的捐赠是不分宗教派别的，他的大量捐款不只给予犹太人，同样也给予其他人。

罗森沃尔德认为自己对家乡负有深重的责任，但他捐赠的范围已逐渐扩展到全国乃至全世界。他往往是以自己的捐献来刺激和带动其他的捐赠。他很会"讨价还价"，要求他的大笔赞助能有别人配合。他最热衷的是那些能直接帮助人们改善生活状况的最实际的项目。

他力图使捐赠的目标比较集中，但又不过于单一，以免错过某些预料不到的事。他要求在捐赠之前，对提出申请的机构进行认真的调查；但如果有些人的主意和决心打动了他，他也会在他们身上一搏。他边干边学，而且一直乐于接受他人想法的启发。

随着捐赠经验的日益丰富，罗森沃尔德对于在很多慈善家中流行的设立永久长存的慈善基金的做法越来越忧心忡忡，后来对此展开了持续的、颇有影响的批判。

正因为如此，罗森沃尔德自己的公益事业总是切合实际的、灵活的、富有同情心的；针对的是人而不只是一些机构；其精神是个人的，富有希望的。正如他有一次为芝加哥的团体演讲时所说:"不为私利、有助于他人的行为使生命变得崇高。这并不是由于这种行为对别人的作用,更重要的还是对我们自己的作用。本着这种精神,我们捐赠时不应该勉勉强强、小里小气,而应该痛快大方、热切和充满爱心。"

罗森沃尔德在公益事业中最伟大的一项成就是由一些不寻常的巧合引发的。1910 年他读了两本书,受到很大影响。一本是马萨诸塞州企业家和唯一神教派改革家威廉·鲍德温(William Baldwin)的传记,此人对于增进内战后南方黑人和穷苦白人受教育的机会非常热情积极。另一本书,是布克·华盛顿(Booker Washington)博士的自传,他是阿拉巴马州一座规模不大、经费不足的塔斯基吉师范和工业学院(塔斯基吉大学前身)的院长,一直不遗余力地提倡在工农业中对黑人进行职业培训,认为这可以使他们改变自己的贫困生活和他们的社区。他写道:"任何人,不管他属于什么种族,只要能做些社会所需要的事,最终都将取得成功。"罗森沃尔德出于自己是犹太人的体验,对这一观点深表赞同。

在以后的几十年里,其他一些北方的慈善家也注意到了黑人教育问题。其中就有老约翰·洛克菲勒,他的普及教育委员会即积极致力于此。罗森沃尔德更对这一任务热诚地倾注了资金和精力。他多次偕妻子去塔斯基吉,还经常邀约一些北方的领导人同去,以引起他们对这一事业的兴趣。他给予塔斯基吉相当数量的捐款,并从 1912 年开始,向华盛顿博士提供资金,为该地区建设新的农村学校。但其资金只作为补配经费,使用时有前提条件:每所学校所需的土地必须由地方当局立约拨给;建成的校舍都要纳入公立学校系统;所在社区的白人和黑人都应为这一项目捐款或捐物。这样做的目的,是使推广黑人教育的整个任务也靠公共的资金和社区的投入来实现。

有不少当地民众舍己奉献的故事十分感人。一位过去的老农奴捐出了他平生的积蓄,都是大大小小的硬币,一共 35 美元。他说只有这样,他的儿女和孙辈

才可能有出头的机会。

到 1915 年,华盛顿博士去世三年之后,在罗森沃尔德的资助下,在阿拉巴马、田纳西和佐治亚州,80 多所新学校建成了。为了纪念这位伟大的人物,罗森沃尔德应允再捐资建设 300 所学校,后来又建设了更多。

在南方 15 个州的 883 个县,罗森沃尔德总共资助建设了 5357 所公立学校、工作间和教师之家,耗资总额超过 2800 万美元。其中,他捐赠了 15%;64% 是促使地方当局动用税款提供的;其余部分则是广大白人、黑人的捐献。这些项目的影响是如此之大,以至于在第一次世界大战之后的年代里,人们说,60% 小学毕业的美国黑人,都是从罗森沃尔德的学校里出来的。

在坚持进行这一项目的过程中,罗森沃尔德不得不顽强地顶住南方和北方都有的严重社会偏见。经常有人狠狠地批评他破坏了社会秩序,但这些压力丝毫没有使他退缩。而在广大黑人中,他赢得了近乎传奇的地位。在南方各地的学校、寓所和棚屋中,他的肖像和亚伯拉罕·林肯、布克·T.华盛顿的肖像挂在一起。学校教员有时甚至把他编入算术题中:"如果罗森沃尔德先生已有六打鸡蛋,他又买了四个,那么罗森沃尔德先生共有多少个鸡蛋?"

1917 年,由于建设学校的要求越来越多,罗森沃尔德开始着手设立一个分配捐款的机构。他成立了朱利叶斯·罗森沃尔德基金,董事会全部由家庭成员承担,有一个小工作班子,并在纳什维尔设了一个分支办公室,以监督学校项目的实施。当然,与十年后完全健全起来的专业化的基金会相比,这只是一个过渡的步骤。

如果说,罗森沃尔德在公益事业中优先考虑的重点之一是促进美国的民主,那么,另一个重点就是忠实地履行自己的义务,去帮助需要援手的犹太人。第一次世界大战中及战后的年代,欧洲犹太人不断地经历严重的危机。在东欧战区,犹太人的苦难尤为深重;在俄国布尔什维克革命期间,他们是白俄一向掠夺和屠杀的对象,成千上万人被处死;1921年发生的毁灭性瘟疫,又夺去了大批犹太人的生命。针对这些情况,罗森沃尔德拿出了一系列大笔捐赠来援救犹太人,他的公益事业开始走向国际。

但是在这样做的过程中,他不得不痛苦地面对困难的政策选择,甚至成了犹太族群内部一些人激烈批评的对象。在犹太复国主义者决定为犹太人重建新家园之后,随着每一波排犹灾难发生,都会引起一场帮助受害者在巴勒斯坦地区定居的募捐热潮。但是罗森沃尔德一直坚信,犹太人的出路必须在自己生活的社会中去寻求,而不是被输送到另一个新的"家园"去。他尤其确信巴勒斯坦地区的犹太人在经济上永远不可能自立,总是需要从海外注入大量资金来推持其生存。因此,在他看来,援助犹太人的正确途径,应该是帮助他们获得必要的技能,以能让他们在本国立足和保持自尊。

基于这些观点,罗森沃尔德拒绝了犹太复国主义者的索求,而将千百万美元投入了其他一些项目。如新的苏维埃政府提出一个宏伟的计划:让成千上万的犹太人在克里米亚和乌克兰大片肥沃的土地上重新安居,罗森沃尔德的捐款就用来培养他们成为好的庄稼人,帮助他们在新社区的发展。这一举措的成功,又促使他投入更多的捐款,去继续开展一项为城市犹太人培训生产技能的计划。

罗森沃尔德这种独立的方针,使他与犹太复国主义者之间产生了不断的冲突,让他承受了巨大的压力,尤其是在苏联的反犹主义重新复活之后。就在同一时期,他也在为改善美国国内的种族关系而继续努力,他无情地反击对黑人的种种偏见,不论它们出现在教育、就业、居住,还是服兵役等方面。他也以同样坚忍不拔的态度与反犹主义对抗。一个成功的例子是,经过长期的斗争,他终于迫使亨利·福特停止散发臭名昭彰的《犹太复国主义老会备忘录》(*The Protocols of the Learned Elclers of Zion*)。

在早期,罗森沃尔德基金紧紧跟随洛克菲勒公益事业的脚步,只是在种族隔离的环境中为黑人争取受教育的机会。到第一次世界大战结束,洛氏大胆地创立了劳拉·斯佩尔曼·洛克菲勒纪念基金后,罗森沃尔德开始提出一系列有关种族平等和废除种族隔离的倡议,并向走在前面的种族合作委员会捐款。20 世纪 20 年代末,当洛克菲勒对公益事业的热情开始减退时,罗森沃尔德对许多致力于改变南方种族关系的团体的支持就更加引人注目了。此外,朱利叶斯·罗森沃尔德基金在卫生领域也开始活跃:他捐款在南方兴建医院,在国内其他一些城市创办有黑人医生和护士服务的实验性保健中心等。

到 1927 年,也许是基于多年来在洛克菲勒基金会担任董事的体会,罗森沃尔德逐渐认识到,基金会是一个服务社会的行事机构,而不只是个人图方便的设施,因此它需要有一个由兴趣广泛、经验丰富的人士组成的制定政策的班子,以及能干的专业职员。于是,第二年他就把基金会董事会里的家庭成员全部换了下来。他按照自己反对基金会永世长存的主张,规定基金会在他死后 25 年内,必须把它的全部资源用光。他把埃德温·恩布里(Edwin Embree)请来担任执行长,此人原是洛克菲勒基金会的副主席,这两年跟罗森沃尔德本人一样,被那个组织中日益增长的保守倾向弄得心灰意冷。

重组后的罗森沃尔德基金一方面继续努力增进黑人受教育的机会,同时又开始了一项新的工作:不顾医药组织的强烈反对,竭力从各方面寻找途径来降低穷人——不论黑人或白人——的医疗费用。罗森沃尔德和恩布里还相应组织了一些讨论会和调查研究,探讨黑人贫困的一般状况,以及农场租佃制和工会实践对南北方黑人困境的影响等问题。

随着经济大萧条的来临,罗森沃尔德不得不把自己逐渐衰退的精力大部分用于解决自己公司的问题。尽管如此,他仍然花费了不少时间和相当一部分财力,来庇护成百上千的雇员躲过由股市狂泻引发的经济崩溃。

罗森沃尔德的最后岁月笼罩着一片阴霾。有两个新的不利情况出现:一是由于反犹主义在欧洲兴起和希特勒在德国登台,使在巴勒斯坦地区重建犹太人家园的主张变得正当和紧迫;二是在美国,一些奋力争取种族平等的领袖人物开始不断对他进行批评,说他的学校建造计划实际上默认和迁就了南方的种族隔离教育制度。在这段时间里,罗森沃尔德从自己的公益事业中所获得的成就感,肯定是与相当程度的失落感交织在一起的。

罗森沃尔德于1932年新经济政策刚出台之时去世。但朱利叶斯·罗森沃尔德基金仍在继续运作,在恩布里的领导下,基金会积极同许多联邦政府部门合作,把专家安插在其中,促进它们对城市和农村黑人特殊需要的重视。但是,由于当时整个国民经济状况不佳,有些较早提出的、需要大量依靠政府支持的教育和卫生计划不得不夭折了。

恩布里一直任职到1946年,此时,距罗森沃尔德规定的限期还有11年,但基金会关闭了。毫无疑问,不论这些年来国内外发生过多么深刻的变化,罗森沃尔德基金会是在黑暗的时代里光芒四射的灯塔。他作为慈善家的记录自始至终都是非同凡响的。罗森沃尔德的慷慨是基于自己坚定的原则和信念。在国内外,他都力求成为社会的救治者、安抚者和凝聚者。他用自己的财富和献身精神,尽力帮助减少他那个时代处于逆境的人们的困苦,他做了他所能做的一切。

三位巨人之比较

在公益事业中,这三位巨人犹如他们在生意场上一样,都受到美国历史上那段英雄主义精神的影响。那时到处充满乐观精神,相信进步是必然的。在为全国发展和工业化的艰巨斗争中,洛克菲勒、卡内基和罗森沃尔德都是顽强求胜的竞争对手。

但是三人又全都是理想主义者,坚信教育、科学的力量与人类和睦共处的可能性。可能正是基于这样的信念,才使他们致力于公益事业。当然,他们还不曾考虑到可观的税务优惠,因为是在他们作出了大量捐赠之后,联邦政府的第一个所得税法才颁布。无论他们的动机如何,这三人终其一生对待公益事业的态度都非常严肃认真。他们将其置于最优先的地位,为之竭尽全力,而不仅仅是当作一项副业,或偶尔为之的兴趣。

这三人在立业后很早就开始捐赠活动。随着财富的增长,他们对公益事业的介入程度也稳步上升。每个人都经历过一个漫长的学习过程,捐赠由小到大,项目由简单到复杂。这种学习的经验,以及对公益事业的兴趣和想法的演进,贯穿在他们的一生之中。

但在风格上,这三人有很大的不同。罗森沃尔德是一位事必躬亲的捐赠者,对自己的项目总是亲身参与和控制,只是到了晚年才将重任委派给一位专业的经理。卡内基本人构思和设计项目,不仅为之确立目标,而且制定运作的结构和方法,但一旦架子搭好,他就将其移交给一个由他挑选的董事会,董事会有充分的自由来指导具体运作,必要时甚至有权改弦易辙。洛克菲勒在制订计划和项目时,则相当依赖于他能干的助手盖茨和自己的儿子,不过他保留项目的启动和经费的最后决定权。他是幕后的力量,但却是很强的力量。

由于他们的商业经验,所有这三人在安排他们的捐赠时都是熟练的谈判者。而且他们都善用机会,常以自己的捐赠来找到和促成更多其他方面的支持。卡内基和洛克菲勒在把经费分别注入他们创建的一些独立的项目和机构时十分谨慎,最后才把大量余下的资金赋予一个目标广泛的永久性基金会。罗森沃尔德向各种各样的项目和组织捐款不菲,然而他并不大量建立新机构。他自己设立的罗森沃尔德基金,与他反对永恒性的意愿相吻合,在他去世14年后就寿终正寝了。

在半个多世纪后,我们考察发现他们的公益事业中最引人注目的特色,可能是这三人的雄心壮志和事业的宏大规模,这与今天绝大多数大基金会和大捐赠者普遍的缩手缩脚、零敲碎打的做法形成了鲜明的对比。这三位巨人的视野和胆识与他们巨量的财富是相当的。他们也有勇气坚持自己的信念,为了达到自己设定的目标,敢于作出重要的,甚至巨大的经济承诺,也能顶住种种非议和公开的批评。

最后,十分清楚的是,罗森沃尔德和卡内基两人尽管在晚年有一定程度的失望,但他们仍从公益事业中获得了极大的激励和满足。这不但是由于他们的努力获得了公众的承认和称赞,而且也由于这些捐赠使他们的生活有了真正的意义,这是他们在商业上的巨大成就所无法给予的。

至于洛克菲勒这位令人难以捉摸和接近的人,公益事业对于他而言似乎只是履行一项强加于己的上帝的任务。不过,他的儿子在继续他的事业时表现出的献身精神和才干,相信也曾温暖过那颗冷酷的心。

第四章

三位令人敬畏的后继者

在洛克菲勒、卡内基和罗森沃尔德的光芒从天际消失之后的几十年里,美国慈善事业的传统以多元化的方式,继续朝气蓬勃地发展着。虽然后来再没有出现过像他们那样非凡的人物,但还是有一批卓越的后继者活跃在国内公益事业的舞台上。他们之中最为出色的,就是玛丽·拉斯克(Mary Lasker)、阿诺德·巴克曼(Arnold Beckman)和沃尔特·安嫩伯格(Walter Annenberg)。

玛丽·拉斯克:文质彬彬而又精力充沛之人

玛丽·拉斯克在 1952 年丈夫去世以后,就成了艾伯特和玛丽·拉斯克基金会的主席和原动力。她是美国历史上最伟大的六位慈善家之一。虽然她的基金会的基金数额不算多,但由于她非凡的技巧和才能,基金会对国家保健政策的影响之大,超过了美国的其他任何机构。它带动了更多的经费投入医学研究,最终拯救了更多的生命。

拉斯克于 20 世纪初出生在威斯康星州。她早年作为艺术经纪商,在事业上就很成功。1940年,她第二次结婚,嫁给了芝加哥被人称为"现代广告之父"的富有的艾伯特·拉斯克(Albert Lasker)。夫妇两人都对医学研究有浓厚兴趣。在结婚两年之后,拉斯克先生把他那价值数百万美元的洛德和托马斯公司转让给了他的雇员,使广告界大为惊诧。而他则与妻子一起,成为同心协力推动医疗卫生事业的活动家。

同年,即1942年,他们建立了艾伯特和玛丽·拉斯克基金会,提出了一个雄心勃勃的目标:让公众充分认识到那些能够致命或致残的疾病之危害,以及征服它们的迫切性。他们先从癌症开始。

在20世纪40年代,国内对这些问题的关注和研究正处于低潮。洛克菲勒基金会已经放弃了治癌的项目,说是"无人带头"。美国癌症协会也不曾从其有限的资金中拨出一分钱来用于医学研究。公众对癌症的无知与恐惧是如此严重,以至于连在媒体上提到它都被认为是不妥的。而且,第二次世界大战眼看即将结束,联邦政府已经准备关闭它的主要研究机构"科学研究与发展办公室"(OSRD)了。

拉斯克夫妇没有对此却步,他们发起了最初的冲击。在两年时间内,他们为死气沉沉的美国癌症协会组织了一项筹款活动,筹集了400万美元的研究资金。这在当时确实是一个令人震惊的成绩。他们创造了不少新鲜的手法,如在《读者文摘》上发表文章,让鲍勃·霍普(Bob Hope)一类名人在电台露面讲话,这些都有助于揭开癌症的神秘面纱,并证明广泛发动社会力量向癌症宣战是完全可以办到的。

随后,拉斯克夫妇通过大力加强与充实董事会等工作,重振了美国癌症协会。短短几年之内,它就成了全国领先的义务性保健机构,它所筹集的私人捐款多达千百万美元。

就在此时,玛丽给罗斯福总统写了那封今天已广为人知的信件。她询问总统:鉴于OSRD即将关闭,如何保证在和平时期医学研究能得到持续的支持。罗斯福要求该机构负责人万尼瓦尔·布什(Vannevar Bush)博士认真研究这一问题，由此引出了一篇广受称颂的报告《科学：永无止境的前沿》(Science：The Endless Frontier)，报告中雄辩地列举了政府和医学研究之间长期合作的利益所在。在拉斯克夫妇提出倡议后的三年中，政府每年拨给国家保健研究所的预算从 200 万美元增至 3000 万美元；对国家癌症研究所的支持，则由不到 50 万美元增至 1400 万美元。

在这一成功的鼓舞下，拉斯克夫妇把眼光投向了更大的目标——改变联邦政府的保健政策和预算中优先考虑的顺序。他们坚信：只有在这些根本变革的基础上，才能够真正向癌症、心脏病、中风、精神病及其他一些主要的致命疾病开战。

拉斯克夫妇推行的策略相当勇敢而且规模宏大。他们也知道要最终实现这一目标必然要付出巨大的代价，但他们完全相信，医学研究能够找出对付这些可怕疾病的办法。更重要的是，他们意识到要真正赢得这场战争，必须把一般公众和科学界一起动员起来，而且对有社会影响的人士施加政治压力、进行游说和联合也是非常必要的。

他们的这些做法成了一个新时代到来的先声。这是一个公民积极参与、科学普及、大众传媒影响公共政策的形成及公共资源分配的时代。显然，这些效果在很大程度上得益于艾伯特·拉斯克的推广才华和广告经验。不过，整个运动的制定及最终的成功推行，主要靠的还是玛丽·拉斯克的坚定决心和她那善于说服人的本领。

拉斯克夫妇策略中的一个重要部分，就是通过公开授奖来引起公众的关注，从而促进各种实质性目标的实现。1946 年，他们宣布建立第一个，也是最重要的奖项——一年一度的拉斯克医学研究奖。在此后的年代里，它成了医药卫生领域中仅次于诺贝尔奖的一个奖项，并在实际上成了未来诺贝尔奖得主的一个可靠预测表。陆续有 49 位拉斯克奖的得主，后来获得了诺贝尔奖的殊荣。为实现基金会的基本目标,这一奖项的颁发成了全国性的重大新闻焦点,它凸显了医药领域一些新发现的重要性,教育了公众,激发了国会的兴趣,更把一些优秀的年轻科学才子吸引到医药领域中来。这一项目也使基金会多年来得以不断掌握医药科学的重要进展情况,并与各地杰出的科学家保持联系。同时,由于拉斯克医学研究奖的品质和声望,也给基金会的所有其他活动带来了强有力的支持。

有鉴于国内新闻媒体对于医学研究工作关注不多,基金会于 1949 年设立了第二个奖项,奖励报道医药新闻方面的突出成就。这一举措又取得了十分明显的效果。短短几年时间,全国就有 40 多家主要报纸,陆续设立了定期的专栏,报道保健与医药方面的话题,提高了公众在这方面的兴趣和知识水平。随着传媒对医药卫生信息的胃口逐渐加大,也作为另一种向公众介绍健康须知的知识的手段,拉斯克夫妇开始出版保健资料年鉴。此书分析总结各种致残或致命疾病的发病率和危害,以及主要提供经费的机构花费在研究方面的金额数字。在此之前,那些政府立法代表、记者,甚至医药专业工作者本身,都缺乏比较全面和不断更新的资料,来了解哪些方面有迫切的需求。

1952 年,当他们宏伟的战略开始逐步产生影响的时候,拉斯克先生去世了。不巧他也死于癌症。此后,拉斯克夫人的妹妹爱丽丝·福尔戴斯(Alice Fordyce)成了玛丽热情积极的伙伴。她主要负责执行年度奖项计划,并使之始终保持着极高的威望和公信力;玛丽本人则把自己的精力主要集中于对政府的主要决策人施加影响。

在以后的 35 年里,玛丽·拉斯克大部分时间都待在华盛顿,坚持不懈地推进自己的事业。作为一位别人所称的"公益的游说者",或是"善良的阴谋家",她之所以这样做,是因为她总是相信事情不会自行发生,新思想也不会凭空出现。据报道她曾说过:"新大陆的发现、法案的通过、楼房的建立、书籍的写成,都是起因于某两个人在合适的时间、合适的地点见了一面。这是一个很个人的世界。"

　　玛丽给华盛顿的"个人世界"带来了不可抗拒的珍贵资产。她是个风雅、聪慧、口才绝佳的迷人女子。她有钱、有名，还有一大帮在商业、艺术和政治圈里出类拔萃的朋友。借助于这个网络，她可以接近任何一位要人，即使是那些相继入主白宫的总统也不例外，无论他是民主党人还是共和党人。

　　她热情洋溢而又精力充沛。她充满技巧地把国会、政府和传媒界的实权人物与领先的科学家安排在一起相聚，讨论有关保健政策和医学研究的问题。时间一长，随着这些精选的小圈子的对话而逐渐增长的影响是很可观的。

　　到了 20 世纪 60 年代初期，由于拉斯克公众服务奖的设立，使以上这些努力更见成效。这个奖项的对象是"鼓励政府立法并支持医学研究，或帮助实现重要的公共保健计划的个人"。在以后的 20 多年里，许多在改进医疗保健政策方面起了主导作用的重要政府官员受到了褒奖，其中包括国会中颇有权势的成员克劳德·佩珀（Claude Pepper）、利斯特·希尔（Lister Hill）和前卫生、教育、福利部部长埃利奥特·理查森（Eillot Richardson），以及林登·约翰逊（Lyndon Johnson）总统等。不论从何种角度来评价：新的保健法规的建立，注入医学研究经费数量的增长，或公众医药卫生知识水平的提高，无疑都显示了拉斯克基金会工作的巨大影响。

　　还要提及的是，玛丽·拉斯克在关心卫生保健事业的同时，也对"城市的丑陋"发起规模虽小但持续不断的进攻，不断赠款给国内外许多城市种植花草树木。例如，有一年春光灿烂之时，她一举改造了纽约的公园大道，把成千上万株郁金香和黄水仙铺满了街道的中心地带，让主妇们和出租车司机眉开眼笑。

　　玛丽·拉斯克和爱丽丝·福尔戴斯姐妹俩都于 20 世纪 90 年代初去世。拉斯克奖项随之终止，使许多医药界的领导人深感沮丧。她们的其他各种项目也未能继续下去。

　　玛丽·拉斯克生前受到很多热情的礼赞。著名的医学专家西德尼·法伯（Sidney Farber）医生写道："她对世界健康的贡献比任何别的人都多。"当她 1969

年荣获总统自由勋章时，奖状上这样写着："人道主义者、慈善家、活动家——玛丽·拉斯克促进了各方的了解与有效的立法，为全体人类造福。"美国前副总统休伯特·汉弗莱（Hubert Humphrey）说过："如果没有这位伟大妇女的努力，我们就永远不会有医疗保健计划和医疗补助计划。"心脏手术的前驱迈克尔·狄见贝基（Michael Debakey）医生曾担任拉斯克医学研究奖的评委会主席并忘我地工作多年。他说："玛丽·拉斯克本人就是一个机构。要问她的重要性何在，那就像去问哈佛大学对这个国家意味着什么一样。"

对所有未来的捐赠者来说，拉斯克的事迹有着多重的意义。它展示了私人赠款的基金会可以利用各种手段去实现其目的的巨大潜能；它证明了一个基金会即使只有相对有限的资源，但如果捐赠者有相当的才能和充沛的精力，仍然可以排山倒海。作为一个捐赠者，玛丽·拉斯克在美国伟大慈善家的队伍中是身居前列的。

阿诺德·巴克曼：科学家捐赠者

另一个后继者中最有成效也最有意思的大捐赠者，是加利福尼亚州的阿诺德·巴克曼。

巴克曼1900年出生在伊利诺伊州的一个草原小镇，是一个铁匠的儿子。他在伊利诺伊大学是化学系的高材生，后来在加利福尼亚理工学院获得博士学位，留校任教。在20世纪90年代，他发明了一种测试柠檬汁酸度的计量器，并利用这一发明所获得的报偿创办了一家公司，后来发展成为世界上最大的科学和医药器械制造公司。巴克曼拒绝公开有关他的财富和公益事业的资料，但据估计，他的财产在减去所有受益人的所得之外，大约仍有5亿美元甚至更多。

作为一个科学家和发明家，巴克曼多年来一直大力支持高等教育和科学研究。在过去的20年中，他在1977年与妻子共同创建的基金会，作出了一系列重大

的引人瞩目的捐赠,包括以下一些项目:

1000 万美元赠予洛杉矶希望之城医院进行神经病学和免疫学方面的研究;

1100 万美元赠予加利福尼亚大学欧文分校建立巴克曼激光研究所和医疗诊所;

1500 万美元赠予斯坦福大学建立巴克曼分子和遗传医学研究中心;

2000 万美元赠予国家科学院和国家工程院去建立西部总部;

4000 万美元赠予伊利诺伊大学去创建巴克曼先进科学和技术研究所,研究人类大脑的作用及其在电脑上的应用;

5000 万美元赠予加利福尼亚理工学院去创建跨学科的巴克曼生物化学研究中心,并为其他研究项目另捐 1500 万美元。

仅在 20 世纪 80 年代的十年里,巴克曼的这类捐赠总数已达 1.7 亿美元,由于它们还带动了其他来源的大批捐赠,从而产生了更大的影响。事实上,能够成为巴克曼慈善捐赠的领受者,已被认为是在科学界卓有成就的一个标志。

正如一位重要的研究者所说,这"几乎与获得诺贝尔奖一样……表明你今天已跻身于科学界最高级和最优秀的行列之中"。

由于巴克曼本人就是一位优秀的科学家,他自己就能对捐赠对象作出准确的判断取舍,无需再有一个大的班子来协助。实际上,他的基金会多年来就只有他和妻子梅布尔(Mabel)两个人。在妻子死后,他才找了一个雇员。不过,他在作决策时,很大程度上也有赖于他在加利福尼亚理工学院一些老同事的参谋。

在广泛的科学领域中,巴克曼很明确界定他的捐赠主要集中于一个特殊的方面,这就是政府和一般公众都不太会支持的那类长期性、基础性研究。他也极为鼓励在生物化学和生物医学之间的跨学科研究。一旦他选定了项目和受赠的对象,就会提供相当数量的经费。在不少个案中,他也要求受赠者筹措相应的资金。只要有可能,他都力争用这种方法使他的捐赠发挥杠杆作用。

现在,巴克曼已年逾九旬,他的妻子和许多亲密老友已相继谢世,他正在为最后分配他的财产作出安排。他说,他和他的妻子"早就计划在断气的时刻把钱都花光",不过目前他还留有数千万的财产等待处理。

巴克曼不太信任独立的、永久性基金会的那种传统模式,他认为这只能导致不必要的官僚主义,他还担心基金会的董事及职员"并不总是忠于捐赠者的意愿"。由于这些顾虑,也因为他唯一的兴趣和目的在于发展先进的科学知识,他倾向于把资金投入一种新的、附属于某个大学的基金会。如他所说,"要利用现存的管理机构和合作办事的优势",这个大学将负责基金会的运作,仿照国家保健研究所支持研究项目的办法:各学科的学者由同行进行评议,通过竞争赢得捐款。这个大学具体掌握这些投资,管理账目,并提留年收入的一部分作为回报。

现在巴克曼还是没有决定他最后的计划,他甚至考虑过把自己关注的研究重点转向一个新的领域。"时代在改变,"他说,"所以,也许现在我们应该回过头来,看看我们能为两岁、三岁、四岁大的孩子们做些什么,以培养他们未来在生活中有所作为的本领。"

无论如何,巴克曼已决定把自己的剩余财产分散出去,并且他坚决否认这是出于慷慨。"我是自私的——要多自私有多自私。"他说,"我讨厌给人家钱。"

然而,他最终把这件"讨厌"的事,变成了对科学研究的奉献,变成了创造性的精神和高质量的智慧,从而使他成为美国历史上最优秀的慈善家之一。

沃尔特·安嫩伯格:传媒事业的赞助人

要了解这位多年来大量慷慨付出的捐赠者、传媒巨子沃尔特·安嫩伯格,必须从他父亲摩西·安嫩伯格(Moses Annenberg)的故事开始。摩西幼年时,从拉脱维亚来到美国,在芝加哥一个贫困强悍的社区中长大。当他还穿着小短裤的时候,就显出了几分机灵和野心。到十几岁时,他已靠跑腿卖报干得不错。实际上那时他就已成了赫斯特报业集团的晨报《芝加哥美国人报》(*Chicago American*)的一个发行头目。

这还只是开始。35 年后,摩西·安嫩伯格拥有了一个庞大的出版帝国,其中包括《费城问询报》(*Philadelphia Inquirer*)、《每日赛马快报》(*Daily Racing Form*),以及从《真实的侦探》(*True Detective*)到《影迷》杂志等多份期刊。不过他所拥有产业的台柱还是他的《每日赛马快报》,全国各地成千上万非法的投注人都利用它来掌握各项赛事的最新结果。那时,摩·安嫩伯格(人们这么叫他)也许可以自夸他是美国收入最高的人,每年多达约 600 万美元。

联邦政府当局认定安嫩伯格是一个与下层社会关系密切的诈骗犯。但由于抓不住真凭实据来指控他,不得不求助于国税局,以逃税的名义给他定罪,就像十年前他们对付黑手党头子艾尔·卡彭(Al Capone)所做的一样。他们还威胁他,要指控他的独子沃尔特有违法行为。

经过谈判,摩西认了罪,从而换取撤销对沃尔特的起诉。1941 年,这位父亲开始他的三年刑期生活。在去监狱的路上,他对沃尔特说,现在是他应该认真做事的时候了,他必须要把这个包括 80 多个公司在内的家庭帝国管理起来。

沃尔特这时已 33 岁,在此之前,看不出他有挑此重担的能力。他仅仅读了一年大学就辍学了。他的生活,除了高速跑车、深夜派对以及参加好莱坞小明星们的派队之外,再没有别的什么内容。更糟的是,他家的许多生意都碰上了麻烦。国税局又要另外加征 800 万美元的罚款,并宣布摩西的全部个人财产不足抵债。

沃尔特始终相信父亲是一位出色可敬的人,政府把他挑出来加以打击是不公正的。他决心先尽快把父亲从监狱里解救出来,然后再把账目弄清楚。他坚持不懈地每周去看望父亲,并不停歇地写了无数信件给一些有影响的人物,请求释放他的父亲,但毫无结果。1942 年 7 月,摩西在因病获得假释 11 天后去世。临终时他对儿子说:"我受的这些罪,全是为了希望把你造就成人。"

这一句肺腑之言,使沃尔特受到了极大的鞭策,他在两年之内开始重建父亲那摇摇欲坠的帝国。他同可能引起流言蜚语的商业伙伴一概断绝了往来,在内部加强管理,整顿各项业务,为这个联合的大企业重创赢利的机会。接着,他使出了一系列高招,为企业奠定了进一步大发展的基础。他创办了全国第一份以青少年为对象的时装杂志《十七岁》(*Seventeen*),一举获得辉煌的成功。四年后,他只是给联邦通信委员会(FCC)寄了一张两分钱的明信片,就赢得了创建国内第十三家电视台——费城 WPVI 频道的权利。1953 年,他不顾几乎所有出版专家的劝告,买下了许多地方电视台节目的杂志,并合并为一份空前成功的全国性《电视指南》(*TV Guide*)。

到 20 世纪 60 年代中期,安嫩伯格的三角出版公司已拥有了两家主流报纸、一系列能赚钱的杂志、《每日赛马快报》、16 家电视台和 3 家有线电视公司。脾气恶劣而才华横溢,固执己见却目光远大,蛮横粗暴又极其慷慨,这位个性如此复杂的人成了国内最有权势和最富有的人之一。不过,沃尔特·安嫩伯格尚未实现他一生中最重要的使命——为父亲恢复名誉,并重建他家庭的声望。他这时已定居费城,但一直仍然要面对最刻毒的反犹主义和社会的歧视;甚至他年迈的母亲,也还背负着"重罪犯的寡妇"的标签,处于贱民的地位。

沃尔特以各种直接或象征的方式来表达他内心深处对父亲的感恩之情。在他总部办公室所挂的自己的肖像背景上,就有他父亲模糊的身影。自从他主事之日起,公司的许多地方都摆放着金属饰板,上面刻着为死者的祈祷词:"让我的工作,为我的父亲蒙上荣光。"有很长一个时期,在他的许多出版物的封面上,都印有他父亲姓名缩写 MLA 的花体字母,他以这个标记把自己对父亲的敬爱重复了千百万次。

在政治上,沃尔特·安嫩伯格是一个保守派中坚,是理查德·尼克松的长期支持者。1968 年,作为对他在财政上和舆论上忠诚支持的回报,当了总统的尼克松任命他为驻英大使，这是美国政府的首席外交职位。像有关安嫩伯格的许多其他事情一样，这一任命也成了人们争议和批评的焦点。在参议院对这一任命的听证会上，议员们对安嫩伯格父亲的认罪和服刑提出了质询，他坦诚地回答说："毫无疑问，一个如此沉重的悲剧可能把你毁灭，但也可能激励你去战胜它，而且鞭策你不断去做有意义的事。"

他的任命被通过了。虽然开篇不顺，安嫩伯格对于这个外交官的职位还是十分胜任的。他的这一段公务任期成了一个分水岭，使他的声誉大为提高。几年后，英国女皇授予他骑士称号，最终确立了他的名望，使人感到欣慰。

长期以来，安嫩伯格一直向公益事业和教育机构慷慨捐赠。而在公务期满之后，他决定将公益事业作为自己今后生活的重心。他先出售了三角出版公司的大部分，包括他的报纸和广播公司。到1989年，他把剩余的资产以36亿美元的价格卖给澳大利亚传媒巨子鲁珀特·默多克（Rupert Murdoch），完成了这一转让过程。

安嫩伯格在公益事业上的作为，也和这个人的其他方面一样，几乎总是遭到非议，包括质疑他的动机、他的方式和他的意图等。不过，对于他从早年起就一直异常慷慨这一点，是不应当怀疑的。要评价他作为一个捐赠者的作用，我们可以先罗列一些具体事实。只是他的捐赠常常是秘密进行的，从不图名，因而也从来没有公布过一份完整的名单或账目。据一项估计，沃尔特·安嫩伯格给慈善事业的捐助，已经相当于15亿美元；现在每年仍捐出3000万美元以上，未来几年还将捐出10亿多美元。这使他成为美国历史上最顶尖的少数几个捐赠者之一。

安嫩伯格所做的成百上千次的小量捐赠更是难以统计。只要有什么特殊需要或什么人间悲剧吸引了他的注意，他就会慷慨解囊。例如给付不起繁重医药费的雇员以现金补助，给被李·哈维·奥斯瓦尔德（Lee Harvey Oswald）杀害的达拉斯警察的遗孀以抚恤金，等等。许多这一类的赠予他都悄悄地做了，而且从不炫耀。

以下不完整地列举沃尔特·安嫩伯格多年来捐赠的一些重大项目：

在 20 世纪 40 至 50 年代，以他母亲赛迪·安嫩伯格（Sadie Annenberg）的名义，拿出了一系列百万美元的赠款，捐给联合犹太人机构、阿尔伯特·爱因斯坦医学院、纽约西奈山医药学校和赛迪·安嫩伯格音乐学校等；

150 万美元赠予费城天普大学建造安嫩伯格大厅；

2000 万美元赠予他少年时的母校佩迪中学；

每年约捐 300 万美元给宾夕法尼亚大学的安嫩伯格传媒学院，还给南加利福尼亚大学和波士顿东北大学的安嫩伯格传媒学院大约同等数量的捐款；

约 600 万美元赠予费城的安嫩伯格犹太与近东学研究所；

600 万美元捐给宾夕法尼亚大学建造安嫩伯格传媒艺术和科学中心（外加 200 万美元的运作经费）；

1981 年拿出 1.5 亿美元建立安嫩伯格公共广播事业联合公司，向全国的电影制片人、大学、公共电视台等提供资助，支持他们制作供大学课程使用的教学电影或录影课程（其成果包括十多个新的系列节目，如著名的"大脑、思想和行为"、"宪法，微妙的平衡"等）；

20 世纪 80 年代捐出 1000 万美元给加利福尼亚州棕榈泉的艾森豪威尔医药中心建造安嫩伯格保健科学中心；

每年捐出 150 万美元作为安嫩伯格华盛顿计划——一个评估传播政策如何影响美国生活的研究与专题讨论中心的运作经费；

1991 年将他价值 10 亿美元的艺术收藏捐给了纽约大都会博物馆。

为了能够更好地落实各项捐助计划，安嫩伯格很早就设立了一些管理和发放捐款的中介机构。这包括两个大的基金会——以他父亲命名的 M. L. 安嫩伯格基金会和安嫩伯格基金，以及在宾夕法尼亚州拉德诺的安嫩伯格学校，这实际上也是一个分发捐款的基金会。

　　总而言之,安嫩伯格的捐赠纪录是令人肃然起敬的——不仅在其规模,而且在其创意。过去多年来,印刷和传播的媒体未被社会重视,美国主要的基金会都对它们不屑一顾。直到第二次世界大战以后,才有少数大基金会开始对媒体,特别是新的电子媒体有了兴趣。在 20 世纪 60 年代,福特基金会出资创办了一个名为电视创作室的实验性节目制作中心,影响很大。几年后,卡内基公司支持成立了一个探讨电视教育可能性的委员会,它直接导致了公共广播公司的诞生。此后,福特基金会为这一新系统的设备投入了数以百万计的美元。马克尔基金会也在这一领域做了不少工作。可以说,这些都是安嫩伯格捐赠事业的前驱。但是,安嫩伯格发挥的作用是前所未有的。他支持创建了一整套为电子媒体培训人才、科学研究和创制新节目的机构,是他把公益事业引入了现代传播领域。

　　有人对安嫩伯格的某些创举的质量有所非议——如宾夕法尼亚大学和南加利福尼亚大学的传媒学院、华盛顿的传媒研讨中心等;也不时有人担心拉德诺的安嫩伯格学校所提出的捐赠条件和要求会侵犯或危及接受捐赠机构的自主尊严。不过,安嫩伯格在安排捐赠时明文限制滥加干预的机会,这些顾虑大半也就不复存在了。

　　沃尔特·安嫩伯格作为慈善家的特殊品质有以下几点:他自从变富以后,一直热衷于慈善捐款。他是一个易动感情和冲动的捐赠者,但又是非常熟练和有策略的。同许多大捐赠者一样,他也表现出对兴建以自己或家人的名字命名的新的运作机构的偏爱。他的捐赠是一种非常个人的行为,他总是要强调自己的兴趣,提出自己的构想,保持自己在所有慈善项目中的权威。

　　安嫩伯格最主要的慈善创意,都源自于自己的兴趣或念头,来自"沃尔特的灵机一动"——这是他的合伙者们对他给公司出的那些赚钱的好主意所用的赞语。他善于发挥有才干的顾问的作用。他在一系列不同的项目和计划上广下赌注。在与他的受赠者打交道时,他十分精明熟练,甚至咄咄逼人。他不求张扬自己的捐赠,不爱抛头露面,有时宁可秘而不宣。他相信自己的直觉,一而再地不循正统而另辟蹊径。实际上,他在公益事业中,如他在商业上一样,是个意志坚定的个人主义者和企业家。

沃尔特·安嫩伯格在父亲去世之后想要做到的事都做到了——无论是在商业上、在公众事务上,还是在公益事业上。但是,他觉得自己在公益事业上的使命还远未完成。现在他已 80 多岁,正在谨慎而又果断地处理他的事务,追加了几笔大的捐款,并开始为在自己死后这些公益事业的延续作好准备。

1989 年,安嫩伯格以 30 亿美元以上的价格,卖掉了三角出版公司的剩余资产。此后不久,他又建立了一个安嫩伯格基金会,作为拉德诺安嫩伯格学校的继承者。据宣布,这个新的基金会将履行拉德诺安嫩伯格学校支持许多其他学校和项目的一切契约义务,同时也会是一个提供一般资助的基金会。他的妻子将担任董事会的副董事长,基金会将长期运作下去,向他所长期支持的教育事业提供捐赠。

三位后继者之比较

拉斯克、巴克曼和安嫩伯格——这三人的共同之处在于他们作为慈善家都成就非凡,但从其他角度看却不尽相同。他们的个性迥异,兴趣爱好大不一样,而且他们的财富数量也很不相等。

这三人在一生中都很早就开始了他们的公益事业,并逐渐积累了作为捐赠者的经验和技巧。在公益事业中,他们全都十分勤奋苦干,充分发挥了自己的精力和智慧。他们全是事必躬亲的捐赠人,亲自计划项目,亲自决定赠款。总之,他们三人主要都是依靠自己的直觉判断去进行捐赠,而不是靠一批专职人员。

拉斯克夫人是卫生保健事业中的十字军和传教士。巴克曼作为一位献身于科学事业的科学家和企业家,在捐赠方面以尖端知识的开发为目标,所作的选择总是十分英明的。他还授权给一所著名的科学学府——加利福尼亚理工学院,在他死后负责继续他的捐赠活动,这一举措既新鲜又实际。

玛丽·拉斯克和安嫩伯格的捐赠活动,反映了自洛克菲勒、卡内基和罗森沃尔德以来美国社会生活中所发生的深刻变化,尤其是首都华盛顿和传媒作为权力中心,在国内事务中的作用日益强大。具有传媒业背景的安嫩伯格,第一次把发展现代传播的方针政策定为一个大公益事业的焦点。玛丽·拉斯克则在她征服致命疾病的斗争中,熟练地运用了大众传媒的现代手段、广泛游说和网络联系。她还以自己不多的财产为杠杆,去引导政府改变政策和财政预算。巴克曼和安嫩伯格都有巨额的资产,所以对这种杠杆作用兴趣不大。他们更倾向于赞助许多现有机构,把资金分散注入不同的方面。

尽管他们的志趣、风格各不相同,个人能力也不一样,但是,这三位捐赠者对于美国生活都有着意义深远的影响,因而理所当然地应该位列于我们最伟大的慈善家之中。

第五章

新巨富，一个多变的四重奏

　　这四位可能是今天美国最富有的个人，在积累个人财富的能力上旗鼓相当，但在捐赠的倾向和手法上却大相径庭。

　　他们是内布拉斯加州奥马哈市的沃伦·巴菲特（Warren Buffett），曾被《财富》杂志列为美国的第一号富人；微软公司的比尔·盖茨（Bill Gates）；俄亥俄州一家服装连锁企业的拥有者莱斯利·韦克斯纳（Leslie Wexner）；国际金融家乔治·索罗斯（George Soros）。他们当中，巴菲特和盖茨的财产，据最近（1996年）的估算，各有80多亿美元；索罗斯的财产与他们相近，而且以每年约10亿美元的数额增加；韦克斯纳拥有的财富已超过20亿美元，仍在急速增长。

　　巴菲特曾表示过对某一两方面作慈善赞助的兴趣，但直到如今年过六旬，他在这些领域还没有采取任何行动。

　　盖茨还不到40岁，最近才结婚，正全神贯注地发展他已经规模庞大的微软公司。他希望最后能把自己的大部分财富捐给公益事业，但现在，公益事业尚未排进他的议事日程。

韦克斯纳已有 50 多岁，单身无子女。从 30 年前俄亥俄州哥伦布市的一家服装店起步，发展到今天的服装连锁企业，他在全国已拥有 3900 家商店，外加一个目录邮购商行。

很难说巴菲特是否会成为一个慷慨的或热心的捐赠者。盖茨还很年轻，并全力投入他的公司的建设之中，但有朝一日，他可能会成为公益事业中的新闻人物。

相比之下，韦克斯纳已经有了非同一般的表现。当他的财富一开始积累，他的慈善活动也就开始了，现已成为美国最大、最有成效，也最活跃的捐赠者之一。然而，他们中的任何一个都不能与索罗斯的成就相提并论。索罗斯在公益事业中的创造性、勇气和奉献精神，使他成为这个领域里一位具有历史意义的人物。

这四个人之间的对照十分强烈，又发人深省。

沃伦·巴菲特

沃伦·巴菲特是美国投资经理人中的偶像，他的持续成功非同凡响。如果一个投资者在 1950 年通过巴菲特的伯克希尔·哈撒韦公司投资 1 万美元，到 1994 年，其价值即已增至 6500 万美元。难怪那些受益者都那么尊重他了。巴菲特还经常对各种各样公众关心的问题发表尖锐而率直的评论，因而又被认为是一个激进冒险的英雄人物。

但是，不看赚钱而看捐钱的话，巴菲特的地位就不那么重要了。他在慈善事业上的主要创举是：规定伯克希尔·哈撒韦公司的每位股东需在每一股中捐出一定数额给公益事业；凡愿意捐出自己年收入的一小部分的持股人，可以自行选择捐赠的对象。

沃伦和苏珊·巴菲特夫妇每年固定拨给他们的基金会大约 500 万美元，由基金会作为捐赠发放出去。据《财富》杂志估计，在过去 23 年里，巴菲特每年从伯克希尔·哈撒韦公司之所得为其资本总额的 29％，如今他的资产超过 80 亿美元。

如果这个数字准确，那么他每年的收入约为 23 亿美元。每年捐赠 500 万美元，就只占到他从伯克希尔·哈撒韦一家公司所获年收入的 0.25％。由此就可以衡量出这位国内最有钱的人对于慈善捐款是何等的吝啬！

对于沃伦·巴菲特没有大量投入公益事业的理由，他的一位发言人辩解说：巴菲特认为把伯克希尔·哈撒韦的股份卖出去或捐出去，都会"严重地削弱他管理和发展伯克希尔·哈撒韦的能力"。事实上，作为他个人的行事方针，巴菲特拒绝跨出步子来增大他的捐赠规模，例如加赠现金或股份给他的基金会等。在被问及巴菲特为什么不对公益事业投入更多的注意和精力时，那位发言人说："他非常乐于做自己在做的事，无暇顾及其他。"

从广泛的国家角度来看，巴菲特这种小气的做法向美国的富人阶层（他们都很佩服巴菲特先生的投资本领）传递了某种信息。这让那些最有钱的人认为，在自己精力还旺盛的时候，根本不需要急于优先考虑兴办什么公益事业。在慈善事业中，这样的"带头"作用是我们不希望见到的。

巴菲特先生采取这种态度令人费解，他还曾再三宣布自己公益事业的主要目标，是想为世界人口爆炸的问题做点事情。作为一个投资策略大师，巴菲特想必十分清楚指数曲线的作用。他应该十分清楚地意识到，现在的世界人口已经处于一个危险的急剧上升的指数曲线上。他启动自己公益事业的时刻拖得越久，世界人口问题就会变得越加严重而不可逆转；他未来的公益事业越落后于这个曲线，它的影响力就越低。

如果沃伦·巴菲特仍然乐观地设想他未来的日子还很长，精力也旺盛，等有足够的时间再去认真开展公益事业，而建立一个执行他的计划、实现他的目标的基金会不过是轻而易举的事，那么，他就是在与命运作轻率的赌博——因为如果从商业角度来判断，他自己也肯定会说这是鲁莽和愚蠢的。

比尔·盖茨

另一位美国的超级富人、有朝一日可能会成为公益事业中特大重量级的人物就是华盛顿州西雅图市的威廉·H.盖茨三世（William H. Gates Ⅲ），不过目前他仍全身心地致力于自己公司的发展。

盖茨曾是哈佛大学的辍学生，现在是世界上最大的电脑软件公司——微软公司的创建者、首席执行官和最大的股东。作为仅次于沃伦·巴菲特的美国第二号富人，他的财产有80亿美元，而且还在急剧增加着。

盖茨现年30多岁，刚结婚不久。1994年，他对《花花公子》杂志前来采访的记者坦率地谈到自己对金钱的态度，以及最后将怎样利用自己的财富。他不奢华浪费，期望自己至少还可以积极地在公司干10年。到50岁以后，他希望能把自己财产的95％捐赠给公益事业和科学事业。"要捐这么多的钱是要花时间的。"他对记者说。

当被问及继承人的问题时，盖茨说："如果我有孩子，我也不想让太多的财富成为他们的负担。他们会有足够的钱，会过得很舒服。"

接下来是这样一段对话：

记者：也许，你只给他们10亿美元？

盖茨：不，不！真是开玩笑！没那么回事儿。这个数目的百分之一……

记者：那你是希望他们像你本人一样自我成才喽！

盖茨：不，这不是问题所在。问题是荒唐数目的钱财会把人搞昏头……我很脚踏实地，这是因为我有父母、我的工作和我的信念。譬如，有些人问我为什么不买一架飞机。为什么不呢？因为你会习惯用这类的玩意儿，那是很糟糕的，它会使你脱离正常的生活方式，使你衰退。所以我有意识地控制着诸如此类的事。我的交通工具和别人一样，我在巴士上的座位也和别人一样……

记者：特权会使人腐化吗？

盖茨：会的。人很容易被一些东西宠坏，使你忘却最重要的事情。

如果比尔·盖茨能够抗拒不被他的财富所宠坏，不忘却那些重要的事情；如果他在公益事业中也能发挥他在商业中显示出来的创造性；如果他不要拖得太久才开始——他可能成为21世纪美国新的伟大慈善家之一。

莱斯利·韦克斯纳

莱斯利·韦克斯纳从作为移民的父母那里很早就懂得了人要行善。当他的财富开始增长时，他也开始了赠予活动，首先是捐钱给家乡哥伦布市和俄亥俄州。

颇具特色的是，韦克斯纳不只是捐钱，还帮助筹款。他在一些公益事业的董事会任职，帮助非营利机构制定策略。譬如，他帮助哥伦布市的联合基金会推行一项有创意的计划，使近年来对这一机构的捐赠额增长了4倍。

韦克斯纳也是哥伦布市一位活跃的公民领袖，他为改进机场和市中心商业区的建设都作出了许多努力。他和母亲贝拉（Bella）一起，于1973年创建了韦克斯纳基金会。通过这个基金会，他捐出2500万美元，在俄亥俄州立大学建立了一个前卫艺术中心；又捐出600万美元在该州建成一个地方性的科学中心系统。他拿出一大笔钱来增强哥伦布儿童医院的科研能力，并贷款数百万美元去建设供犹太退休者居住的韦克斯纳民俗文化村（Wexner Heritage Village）。

在全国范围内，韦克斯纳先后大量捐款给犹太联合捐募协会（UJA）、联合黑人大学基金（UNCF）、哈佛大学和惠特尼美国艺术博物馆。1991年，韦克斯纳开创了另一新领域，创建了俄亥俄高等教育信托基金。他捐出了2.5亿美元给这个提供捐款的基金会。这一动作使他进入了全国的捐赠巨子之列，而这大概是他的第一项重要创举。

韦克斯纳的捐赠风格已经很与众不同了。那些在非营利机构与他共过事的人称他为"一个有远见、有智慧的捐赠者"，"一个能激发别人的人"。他从不寻求名望或要求公开褒扬他的捐赠，实际上他总是尽力避免这些事。"私下捐钱是非常自在的，公开捐钱就觉得有点尴尬。"他曾这样说过，"但是，当你公开捐赠是为了给别人作出榜样，相信共享自己的经验能对别人起到正面的作用，那我认为也是很恰当的。"

在韦克斯纳看来，"人类最美好的性格就是能去关心你所不认识的人们"。他不赞成"要在钱多得难受的时候再捐钱"。他衡量捐赠成功与否的标准是："当我捐出一笔钱时，我是否真正感到兴高采烈？如果不觉得，那我就知道捐得还不够。"

在他这样的年龄，拥有这样的资产，韦克斯纳的公益事业大概才刚刚开始。他说，他的目标是为了社会的利益而有效地使用自己的财富。他说："当你考虑赠予时，你永远不知道你的责任何时到期。我喜欢感到自己总是在履行对个人和对社会的义务。我愿只带着 10 分钱死去，只要我还活着的时候能看到办成一些好事。"

乔治·索罗斯

也许当今世界上最为大胆、最有想象力的重要捐赠者，就是匈牙利出生的国际金融家乔治·索罗斯了。早在 20 世纪 40 年代，他因躲避屠犹暴行从匈牙利逃到英国，之后成为了美国公民，并把自己的总部设在纽约。

在过去的 20 年中，索罗斯变得极其富有，而且进行了大规模的、创造性的慈善活动。在此期间，他通过公益事业办成的一件大事，就是把一度封闭的东欧社会主义国家的门户打开，让外部世界的新思潮和新科技自由涌入。

10 多年前，作为他的首批项目之一，索罗斯推行了一系列计划，让故土匈牙利的有为男女青年接触到文化和科学的自由空气。他还促使政府接受一些他捐赠的附加条件。

不久，索罗斯又把他的赞助重点，转向帮助那些艰难挣扎中的社会。这一历史性计划的一个重要部分，是投入上亿美元开展一项跨国活动，从可能发生的社会和经济崩溃的情况下，拯救东欧的科学传统和优秀的科学家们。

在不到 10 年的时间里，索罗斯在 22 个国家，包括 19 个前社会主义国家中投资设立基金会。他的捐赠活动包括：

每年 600 万美元给匈牙利索罗斯基金会，用于开展教育和文化活动；

每年 2700 万美元给苏联的一些共和国进行教育改革，训练公共行政官员和推进研究机构的私有化；

5 年中赠予 2500 万美元给 1991 年建于布达佩斯的中欧大学；

5000 万美元给波斯尼亚和黑塞哥维那的索罗斯人道主义基金会，救援波黑战争中的受害者；

3 年中共赠予 1500 万美元给开放社会基金会（OSF）；

2 年中共赠予 1 亿美元给他新建的国际科学基金会，支持苏联地区的科学研究。索罗斯希望这个基金会像诺亚方舟一样，至少能保存苏维埃社会主义共和国联盟的一部分科学传统。这些传统现在正受到当地经济困境的威胁；

赠予 1500 万美元给布拉格一所新的研究院，去分析研究东欧各国和原苏联地区政治、经济、社会的转型问题，并为这些地区培训新闻记者和政策分析家。

由于眼界的开阔、贡献的巨大，以及在开拓事业上的勇气和创造性，索罗斯已立足于美国历来产生的伟大慈善家之林。他在国际范围的努力已经开创了公益事业史上一个史诗般的新篇章。自洛克菲勒和卡内基以来，在捐赠者行列里还未曾见过如此的活力。

需要指出的是，由于他在东欧的巨额捐赠以及这些国家在变革中的混乱局面，索罗斯与这些国家的政府首脑及其他政治要人的接触已越来越多。事实证明，他已经自觉不自觉地插手正当的公益事业以外的事务——如积极支持在巴尔干建立一个新的"马其顿"之类。如果他过于刚愎自用,使自己的公益事业截至目前的光辉纪录暗淡下来,那将是一大悲剧。

四巨富 VS. 三巨人

把公益事业舞台上的四个后起之秀同三个历史巨人洛克菲勒、卡内基、罗森沃尔德摆放在一起,对其公益事业的态度和潜在影响方面作些比较,我们可以发现,其中有一些有趣的相似之处,也有一些惊人的不同。

三个早期的巨人,全都在自己还很活跃的年纪就开始了他们的公益事业。而在后起之秀的四巨富中,只有索罗斯和韦克斯纳这样做。

三个老一代的巨人,都有一种强烈的使命感。他们的兴趣范围是全国性甚至世界性的。洛克菲勒是一个大胆而有远见的新计划和新机构的创造者,其中某些项目范围遍及全球。卡内基在创建新机构方面同样是大手笔。他对于促进世界和平和支持当时刚刚诞生的国际联盟,更有强烈的兴趣。罗森沃尔德的公益事业具有开创意义,范围限于国内,但他对国际范围犹太社区的福利非常关心。但因为他不支持犹太复国主义,他所倡导的一些项目招致非议。

而四巨富中的巴菲特和盖茨还都只是潜在的大捐赠者,他们尚未定型,活动也不多。今后他们的公益事业能有多大规模、能有多少突破和影响力,尚需拭目以待。

另两位正在发挥积极性和创造性的巨富中,韦克斯纳略有罗森沃尔德的风格。他对自己的公益事业十分投入,特别热衷于建设自己的故乡和为犹太人谋福利。除此之外,他对高等教育事业的兴趣,大于对种族关系和救贫济穷的兴趣。不过他的公益事业还在不断发展之中,目前尚无法预测最终走向。

索罗斯则更多地像一个洛克菲勒式的捐赠者——大胆、有企业家的胆略,而且目标是全球性的。在捐赠的数量、目标的宏伟、项目的大胆和创意等方面,他已可以同以往最伟大的捐赠者并肩而立。他热情地致力于实现一个理想:把欧洲建成一个开放的、民主的社会,"不受任何国家或特定的意识形态的控制。那里,没有人能垄断真理,少数社群和他们的意见同样受到尊重"。他也致力于促进欧洲的一体化。在追求这一目标的过程中,他表现出了善于选择和利用历史时机的智慧。他在西欧和东欧都已经提供了一系列惊人的巨额捐赠。

从某些方面来看,索罗斯超越了他的伟大前辈们。洛克菲勒是世界范围的卓越的工业企业家,但他的公益事业与他的企业活动是分离的,两者之间没有直接的相互影响。卡内基也是一样,他的企业除了为他的公益事业提供经费以外,两者也没有别的关系。索罗斯则不同。在欧洲的政治经济一体化与民主模式的决策过程中,他积极参与的一些经济的,甚至政治性的活动已成为很重要的一部分。在商业方面,他能够把握时机以大动作来"左右市场"。他能够并已经使得欧洲货币重新估价,与中央银行的政策对抗,对欧洲共同体(后发展为欧盟)的统一或分裂起到举足轻重的影响。他很清楚这一切,曾经坦率地说过:由于他的公益事业和金融活动的相互影响,为他提供了大量的投资机会,但同时也使他受到制约,并加重了责任。①

洛克菲勒的国际经济活动虽然规模庞大,但与他的公益事业没有明显的关联。安德鲁·卡内基除了自己参与促进世界和平的公益事业之外,还与世界各国的领导人频繁通信寻求他们的支持。但是看不出他对重大事件有什么影响,他只是一个可敬的公民,而不是一个能以其经济威力左右国际事务的人物。

而乔治·索罗斯却既有慈善家的使命感,又有着强大的经济实力,能够在国际事务的进程中真正发挥作用。如果他能把这些优势发挥得更加有效、更富建设性,其成就是完全可能超越他最伟大的前辈的。

---

① 参阅乔治·索罗斯著:《欧洲解体之展望》(*The Prospects for European Disintegration*),载于阿斯彭研究所季刊,1994 年夏季。

03

妇女能顶半边天

第六章

被遗忘的历史

在美国，"慷慨的夫人"的形象家喻户晓，可在过去，甚至直到最近绝大多数人的普遍印象都还是：尽管妇女长期在公益事业中表现热情积极，但公益事业实质上还是男人创造发挥的领域。

这实在是一个严重的误解。现在，人们已普遍承认，在以往所有的全国性社会运动中，妇女总是和男人并肩战斗的，如废除农奴制、卫生保健和医院改革、监狱改革、公共教育、儿童和穷人的社会福利计划、禁酒、妇女选举权，以及其他许多方面。从苏珊·安东尼（Susan Anthony）、哈丽雅特·塔布曼（Harriet Tubman）、简·亚兰斯（Jane Addams）和克拉拉·巴顿（Clara Barton），到埃莉诺·罗斯福（Eleanor Roosevelt）等，她们形成了一整列杰出的妇女领袖，为国家的立法、体制和社会的发展作出了重大贡献。

但我们不要忘记，妇女在美国的基金会和公益事业的发展中也是重要的角色，不只是担任义工或做做善事。现在让我们来检阅一下她们中少数的代表人物：

索菲亚·史密斯（Sophia Smith，1796—1870），在 65 岁时继承了家庭遗产。她曾认真考虑过用它建立一所聋哑学校（她自己在 40 岁时耳朵聋了），但又想到，妇女的普及教育更是当务之急，于是，她创建了马萨诸塞州著名的史密斯学院，投入了近 39 万美元。

萨拉·普拉特·海恩斯·多里默斯（Sarah Platt Haines Doremus，1802—1877）出生于纽约一个长期热衷于慈善工作的家庭。后来，她嫁给了富商托马斯·多里默斯（Thomas Doremus），就有条件开展更多样的慈善项目了。1828 年，为救助受土耳其压迫的希腊妇女，她组织了募集生活用品的活动。在 19 世纪 30 年代，她对监狱改革产生了兴趣，后来成为妇女监狱协会的全国主席。1850 年，她帮助建立了纽约会所和工业学校，为一些妇女提供职业培训，让许多衣衫褴褛无法上学的孩子也得到受教育的机会。1854 年，多里默斯参加创建了向贫困儿童提供医疗和日托的儿童医院与托儿所。她倾注了自己的精力和财力的事业还包括建立长老会老年妇女之家、解救爱尔兰饥荒的受害者等。

玛格丽特·加夫尼·霍弗里（Margaret Gaffney Haughery，1813—1882），出生于爱尔兰，1818 年随父母移民到美国。不久，她的父母就双双死于巴尔的摩肆虐的黄热病，那时她才 5 岁。她一直没有机会上学，目不识丁。她给别人家当了几年女佣后，于 1835 年嫁给了查尔斯·霍弗里（Charles Haughery）。夫妇两搬到了新奥尔良州，但第二年，丈夫也去世了，留下她一个人，只好到一家旅馆做了洗衣妇。几年后，她用菲薄的积蓄买了两头奶牛，开了一个小牛奶场，沿街叫卖牛奶，有时也白送，在街头她成了很受欢迎的人。

她很慷慨，也许正是由于这个缘故，霍弗里发迹了。到 1840 年，她已拥有 40 头奶牛。也就在这一年，她开始向慈善姊妹会捐款，帮助她们开办了新奥尔良孤儿院。在以后几年里，10 多所同样的机构得到了她的捐赠，其中包括最有名的圣文森特孤儿院。除了捐赠，霍弗里还乐于以其他方式向城市提供帮助。特别是每

当这个城市黄热病肆虐的时候,她总是自告奋勇担任护士工作。

1858 年,霍弗里接收了一家用以抵债的小面包房。于是,她把牛奶场停了,并扩建了这个面包房,很快表现出其在生意上的天赋。她的面包房是全市第一家采用蒸汽技术的,她还首先想出了制售带包装的薄脆饼干的主意。由于这一创新,她的企业几年内成了全市最大的企业之一。

在内战期间,霍弗里把慈善工作的目标转向了士兵的家庭。她捐赠时总是不声不响的,从不哗众取宠。因此,当她在世时,她在这方面所做的许多工作并不为公众所知。1882 年她去世时留下的近 50 万美元财产,绝大部分都遗赠给了天主教的、基督新教的和犹太人的公益机构。1884 年,公众募款塑造的她的铜像,在新奥尔良的玛格丽特·霍弗里公园揭幕。

凯瑟琳·沃尔夫·布鲁斯(Catherine Wolfe Bruce,1816—1900)从她父亲———一位出色的出版家那里继承了财富。她受过良好教育并见多识广,成了天文学和天体物理学研究领域的赞助人。她虽然鲜为公众所知,但由于对科研事业的大力支持,她在科学家圈子中享有盛誉并深受爱戴。

安娜·珍斯(Anna Jeanes,1822—1907),出生于费城一个富有的贵格会信徒之家。她在继承了家庭财产之后的若干年里,逐渐把全部家产都捐赠了出去。她的最具开拓性的贡献是在南方农村中为黑人和白人儿童兴办和改进小学教育,从而为此后洛克菲勒的普及教育委员会在这方面的进一步计划奠定了基础。

1907 年珍斯去世时,用遗赠的方式把她的剩余财产分发给了许多学校和医院。其中最为引人注意的是给斯沃斯莫尔学院的一大笔钱,因为其附带的条件很奇特,那就是学校必须放弃校际竞技活动。有人推测,她想到的肯定是足球运动,因为谁都知道她对足球运动员的评价:“他们一定是不信上帝的人,在和平年代却要去模拟战争。”

埃伦·柯林斯(Ellen Collins,1828—1912),纽约一户富有的贵格会信徒家庭的女儿，是一个积极的废奴主义者和非常实际的社会改革家。她对城市里租赁住宅区的脏乱状况深为忧虑，她买下一些贫民区的物业并加以整顿，树立起一个负责的房产主怎样帮助改进穷人生活的榜样。

埃伦·布朗宁·斯克里普斯（Ellen Browning Scripps，1836—1932）一开始是在密歇根州底特律她哥哥创办的一家报馆当记者。几年后，哥哥把报馆发展成了一个连锁报业，她则成了他的合伙人和投资者。她从未结婚，独立而富有，在60多岁时迁居加利福尼亚州，把她的财产投入了她认为值得赞助的事业。其中最著名的是她创办的斯克里普斯海洋研究所、斯克里普斯研究所（TSRI）。她还在加利福尼亚州克莱蒙特建立了斯克里普斯女子学院。

斯克里普斯对一些政治和社会问题很有自己的想法。她在向加利福尼亚州的拉霍亚市捐款建设一个文娱中心时，特别指明：该中心应当作为讨论公共问题的场所；在这里，任何人都不能因观点不同而被排斥在外。她曾着力反对第一次世界大战后司法部长米切尔·帕尔默（Mitchell Palmer）的"放逐狂乱"，并积极参加了早期要求废除死刑的运动。

伯尼斯·包希·毕晓普（Bernice Pauahi Bishop，1836—1884），是夏威夷王室的公主。她与传统决裂，嫁给了当时在檀香山工作的年轻美国人查尔斯·毕晓普（Charles Bishop）。作为卡美哈美哈王室的成员，她后来继承了家族的大量地产。她去世时把自己的几乎全部家产——全岛土地的百分之十，现在价值若干亿美元——纳入信托基金，用来建造一座出色的波利尼西亚人种学研究机构——毕晓普博物馆，并为夏威夷原住民的儿童建造两所学校。如今，负责经管毕晓普遗产的五个董事，每年得到的酬金是75万美元。由于这些遗产对夏威夷事务的影响非同一般，不时会冒出一些对她的巨额基金的政治指控。

奥利维娅·费尔普斯-斯托克斯（Olivia Phelps-Stokes，1847—1927）和她的妹妹卡罗琳（Caroline），出身于纽约一个热诚的贵格会家庭。她们的父亲是一个成

功的商人和银行家,对公益事业也有多方面的兴趣,并且是纽约的殖民协会领导人——这个协会帮助获得自由的美国黑奴创建了利比里亚共和国。斯托克斯姐妹在父母去世后,把她们得到的遗产以及自己的全部时间精力都奉献给了范围广泛的公益事业——女青年会、各种传教事业、年老体弱者之家等。而最值得称道的是在南方推进黑人教育,特别是职业教育事业。这对姐妹留下的财富建立了费尔普斯-斯托克斯基金,以帮助改进纽约市贫民的居住状况和南方黑人的受教育状况。它至今仍然存在,是一个为黑人谋福利、增进种族关系的颇有盛誉的机构。

伊丽莎白·米尔班克·安德森(Elizabeth Milbank Anderson,1850—1912),她父亲是纽约一个富有的银行家。他在 1884 年去世时,给女儿留下了他的大部分遗产。随后几年里,安德森对许多项目作了捐赠。1905 年,她建立了米尔班克纪念基金,进行流行病学和营养学研究。这个机构还不断支持一些慈善计划,如建立邻里保健中心、帮助欧洲的孤儿和贫困儿童、关注移民工人的健康和安全问题等。至今它还是一个深受尊重的私人管理的基金会。

玛丽·伊丽莎白·加勒特(Mary Elizabeth Garrett,1854—1915)来自一个富有的经营铁路业公司的家庭,她的贡献集中在教育领域。在给巴尔的摩一所女子中学捐资时,她要求在校学生必须通过最优秀的大学的入学考试,才准予毕业——这一创举影响了全国的学校。她还为布林莫尔女子学院的建设和发展捐赠了大笔款项,而且是妇女争取选举权运动的主要赞助人。然而,她的最具创新意义也最为有力之举,是在 1899 年为约翰斯·霍普金斯医学院的创建所作出的巨额贡献,她当时附加了两个条件:一是学院必须以同样的条件接纳男生与女生入学;二是学院要成为一所医学研究生院。这两项在美国也都是前所未见的。几年后,当洛克菲勒基金会开始执行其历史性的计划,对美国的医学院校进行改造时,霍普金斯医学院的样板就成了为该计划定向的立足点。

凯特·梅茜·拉德(Kate Macy Ladd,1863—1945)也来自一个有着多年慈善传统的贵格会家庭。父亲给她遗留下了标准石油公司信托基金的股份，因其价值屡增，使她有可能不断扩大对社会的捐赠。她对医疗服务有浓厚的兴趣，曾向纽约、费城和其他许多地方的医院捐了许多钱。然而，她的主要贡献还在于 1930 年为纪念父亲而建立的小乔赛亚·梅茜基金会（Josiah Macy Jr. Foundation）及其工作。在此之前，她聘请了著名的医学教授路德维希·卡斯特（Ludwig Kast）对美国公益事业进行了为期两年的调查。卡斯特的报告总结说基金会忽视了科学研究，因此，支持医学研究，特别是与其他许多领域（如生物科学、社会科学）密切相关的研究就成了梅茜基金会的重点。多年来，梅茜基金会已经树立了坚实的威望，现正集中致力于医学教育及培训少数民族医学人才的项目。

卡丽·班伯格·富尔德（Carrie Bamberger Fuld，1864—1944）出生的家庭创建了全国最大百货商店。到 20 世纪 20 年代股市大崩盘以前，她和她的兄弟以 2500 万美元的价格将商店卖了出去，从此投身于公益事业。他们最初的想法是在新泽西州建造一所医学专科学校，但在咨询了洛克菲勒的著名顾问亚伯拉罕·弗莱克斯纳之后，他们决定以洛克菲勒医学研究院为模式，兴建一所传授基础知识和科学的新型学院。这就是他们两人合资在新泽西州普林斯顿创建的高等研究院（IAS）。学院于 1933 年正式开学，以阿尔伯特·爱因斯坦作为领导人，马上就成了举世闻名的学术中心，直到今天它仍然保持着其杰出的地位。

伊玛·霍格（Ima Hogg，1882—1975），出生于德克萨斯州，父亲詹姆斯·斯蒂芬·霍格（James Stephen Hogg）是一个非常成功的企业家和政治家，在 19 世纪末曾连任四届州长。霍格对爱女的个性和判断力十分信赖，很早她就在父亲的活动中起着重要作用。1906 年父亲去世后，她便利用家庭的财富和政治关系，参与各种公民活动和公益事业，她的主要兴趣之一是在精神病保健方面。她提出通过德克萨斯大学为全州提供精神保健的设想，因此捐款为这所大学建立了一个出色的研究机构——即今天我们所知的霍格精神健康基金会。她还建立了休斯敦儿童

指导中心,在儿童精神病学领域进行了大量开拓性的工作。

伊玛·霍格也喜爱音乐,她在组建休斯敦交响乐团的过程中起了重要作用,并担任了多年董事长。她还对保护历史文物感兴趣,在当时这个人人沉溺于经济增长的州里,实在是一种罕见的品位。她在这方面的一些项目中,最为人知的就是贝优本德(Bayou Bend)庄园的捐献。近 40 年来她一直住在这里。1966 年,她把这个产业连其漂亮花园一起捐给了休斯敦美术馆,并赞助了维修经费。这里收藏有大量细心考据过的美国古董和家具。

自 19 世纪以来美国妇女慈善家行列的最后一位是玛格丽特·奥利维娅·斯洛克姆·塞奇(Margaret Olivia Slocum Sage,1829—1918)。其实从许多方面来看她都应该名列第一。她的基金会是美国第一个由妇女建立的基金会,也是那时最有想法的基金会:其项目具有一定的灵活性,董事会享有较多的权责。它不仅贯彻了塞奇夫人矢志不移的理想,而且推行了很多新的重要想法,如利用对社会问题的研究成果来建构改革的措施。可以说,玛格丽特·塞奇对公益事业的行事方法,在许多方面预示了 20 世纪美国公益事业的一些重要趋势。

塞奇夫人是纽约上州的名门之后。1847 年她从埃玛威拉德女子中学毕业后,教了 22 年的书。中年时嫁给了纽约一个非常富有的鳏夫拉塞尔·塞奇(Russell Sage)。这位商人根本不赞成做善事,他时常被人们贬斥和嘲笑为吝啬鬼,说他是一个残酷无情的高利贷者、一个败坏政界和司法界的人。很多人都认为他毫无良心,"对公益事业一毛不拔"。不论对其性格的这些描绘是否完全属实,他的第二任妻子的喜好肯定大不相同。1906 年她丈夫去世之后,塞奇夫人很快就成为一位美国的新慈善家。根据丈夫的遗嘱,她继承了 6300 万美元。按照当时报纸的调查统计,这笔钱使她成了美国妇女中的首富。她立即着手建立了一个新的基金会——很具讽刺意味的是,这个基金会是以她丈夫的姓氏命名,以示纪念。

玛格丽特·塞奇是一位争取女权的斗士。也许是由于自身婚姻生活的体验,

　　她相信妇女在道德上是优于男人的,因而对于文明道德的进步负有主要的责任。她还下决心要帮助美国的穷人改善社会地位和生活条件,但她对那种不加区别、单纯为了改善条件的布施办法很有疑虑。她要为消除贫困的根源真正做些实事,而不只是给钱去缓解个人的苦难。

　　在设计基金会的法律形态时,塞奇和她那位在公益事业方面经验丰富的律师都认为,一个慈善信托基金"在形式上和方法上都应该是有弹性的,能在不同时期以不同的方式进行工作",以便长期地为改善美国的社会状况作出贡献。他们共同拟定了基金会的章程,其开放灵活的慈善目标和清楚明白的公共政策在当时都是罕见的。

　　塞奇夫人给这个实体注入了 1000 万美元的资金,该基金会在 1907 年正式注册成立。当时全国只有 8 个基金会,与新成立的塞奇基金会资金旗鼓相当的也有 2 个,但是没有一家像它这般活跃积极。它所宣布的目标除了为美国社会、经济和政治的改革提出方案并加以推行外,别无其他。为了实现这个目标,必须开展各种社会调查,把调研的结果提供给有影响的人士,并动员公众舆论来推动实行改革。

　　在那久已逝去的充满憧憬的年代,人们对以科学方法解决社会问题的新主张非常热心。纽约及其他城市的报纸立即对这个刚刚起步的基金会表示赞赏,称赞它宏伟大胆的目标、它给予董事会主事的自由度,以及它捐赠的规模。一家报纸说:"它是所有现代公益事业中最出色的馈赠之一。"另一家报纸说:"它的管理者们再也不必受那些没完没了的查询或信条的约束了。"当时对拉塞尔·塞奇基金会的好评,由此可见一斑。

　　这个基金会很快就走上了正轨。它聘请了一个好的班子,并委派了一些意义重大的研究计划。多年来,基金会赞助的工作的质量、这些研究对于制定社会福利政策和法令的影响是相当可观的。它成为第一个公共政策研究中心,极受各界的尊重。它促使学术界的专家们、有影响的私人社团和政府机构合作,共同发起解决住房、托儿、福利改革,特别是有关劳动妇女的种种问题的方案。它创造的这种基本运作过程本身,也产生了重大的影响。10 年后出现的布鲁金斯研究所和二十世纪基金会这类智囊团体,就是以它为榜样建立起来的。

玛格丽特·塞奇在基金会建立后的 10 年内,一直积极地亲身参与基金会各项计划的制订和实施,直到 1918 年去世之日。在她逝世后,拉塞尔·塞奇基金会逐渐变得更侧重于学术问题,而不是实际的社会改革活动了。基金会向社会科学研究委员会(SSRC)、国家经济研究局(NBER)等这一类机构和许多大学科研中心进行捐赠,对这些机构的重点研究项目、新的学科,特别是社会科学领域内新学科的开发,起了重要的作用。因此,尽管创建人那种社会活动家的精神已不复存在,但她创立的这个机构仍然坚如磐石,一直受到学术界诸多人士的高度敬重。

玛格丽特·塞奇代表了 19 世纪和 20 世纪初的这样一批杰出妇女:她们不只是慷慨的捐赠者,而且具有很完善的如何达到公益事业成效的观念。例如安娜·珍斯,她所有的捐赠都强调要追求长远的目标,把注意力集中在培养人的自信、自立能力的项目上,而不仅是提供治标性的援助。伊丽莎白·米尔班克·安德森也同样对仅仅触及表象而非根源的善行持怀疑态度。因此,她把兴趣放在基础科学的研究上。她对儿童及社区保健中心的捐赠,只是为了"提供过渡性的援助,直到政府机构承担起这些责任为止"。

其他妇女捐赠者也都认同这种私人捐赠与政府政策之间关系的看法,认为私人的行动应激发起政府的呼应。如凯特·梅茜·拉德就认为:"在一个开明的民主社会里,私人公益事业最大的作用在于投资开发新的主意构想,使之逐步付诸社会实践,然后就该交由公共机构接手并继续下去。"

重要的第二阶段变化

以上关于美国妇女慈善家们高尚的事业和思想的概述,挂一漏万,只能简略地展示她们对国家这一重要传统所作贡献的规模和范围。长期以来,这些贡献极少得到承认,这些历史也大部分被忽视和遗忘了。

这些小传介绍的都是妇女作为捐赠者、作为基金会的创建人的事迹。妇女参与公益事业的另一个重要方面也不太受到注意,就是她们作为专业人员的作用。幸好,在近几十年里这方面发生了急速的,甚至革命性的变化,越来越多的妇女担任公益事业的项目主管、高级职员乃至基金会的行政首脑。

在美国慈善文化中有一个存在已久的奇怪的反常现象:虽然人们都认为在美国生活中,妇女是最富同情心、最能关心和抚育人,也通常最有改革精神的力量,但在基金会的领域中,那些主要以慈善、教育和改革为目标的机构的领导和专业职位,几乎全被男性垄断,直到第二次世界大战结束后很久也依然如此。

近40年来,情况发生了深刻的变化。妇女在美国基金会的专业队伍乃至管理层中的人数急剧增加。同样的变化,也发生在像基金会理事会、独立部门联合会等为公益事业服务的专业机构领导层中。

这种悄然发生而颇具规模的变化迄今仍在进行中,它不仅显示了在公益事业和其他非营利性活动中男女两性的平衡或不平衡数量上的变化,而且多半也预示着这些事业的风格及未来的抉择取向将出现质的变化。

现在妇女们的表现已充分证明:在组织和管理公益事业上,只要给予机会,她们可以和男人一样能干,就像她们一直以来都是胜任的捐赠者一样。不过近年来妇女大量进入公益事业担任高级行政人员和主要项目总监这一巨大的和相对急剧的变化,还仍然不太受人注意。

在上一代人中,直到第二次世界大战期间,出现过数量相当多的出色的妇女捐赠者；但在基金会的行政主管和专业人员的层次中，实际上并没有妇女的位置。而现在，很多，也许是绝大多数主要的基金会，都至少有一位妇女任董事；还有如杜克基金会等，已由妇女担任主席。今天在美国公益事业管理层中一些最杰出的人物是女性，其中最著名的有：联邦基金会的首脑玛格丽特·玛奥尼（Margaret Mahoney）；洛克菲勒家族的公益事业高级顾问伊丽莎白·麦科马克；宏大的皮尤纪念信托基金的首脑丽贝卡·赖姆尔（Rebecca Rimel）；卡内基公司的执行副主席芭芭拉·芬伯格（Barbara Finberg）；西北地区基金会的主席特丽·廷森·萨里奥（Terry Tinson Saario）；乔伊斯基金会的首脑德博拉·莱夫（Deborah Leff）；堪萨斯城社区基金会的首脑贾尼丝·克瑞摩（Janice Kreamer）；纽约社区基金会的首脑芭芭拉·布卢姆伦（Barbara Blum）；还有苏珊·贝雷斯福德（Susam Berresford），她已被选为全国最大的基金会——福特基金会主席富兰克林·托马斯（Franklin Thomas）的接班人。

同样出色的还有一些项目总监，她们已使自己的名字具有了传奇色彩，如福特基金会的艺术项目总监马西娅·汤普森（Marcia Thompson）和该基金会拉美裔、印第安及其他少数民族项目的总监西沃恩·奥本海默·尼克劳（Siobhan Oppenheimer Nicolau）。

在公益事业的联合机构中，妇女也有很大的影响。其中最杰出的是非营利社团的统筹机构——独立部门联合会的研究主任弗吉尼娅·霍金森（Virginia Hodginson），非营利部门研究基金的首脑伊丽莎白·鲍里斯（Elizabeth Boris），基金会中心的首脑萨拉·恩格尔哈特（Sarah Englehart）和慈善事业圆桌会议的总监金伯利·丹尼斯（Kimberly Dennis）。还有其他一些有影响的著名人物，如《慈善纪事报》的执行主编斯泰茜·帕尔默（Stacy Palmet），以及曾任克尔基金会首脑的安妮·摩根（Anne Margan），她现在是许多捐赠者和基金会的顾问。

这些妇女全都极富才干，在她们各自的领域中超群出众。紧随她们的脚步，还有新一代更大一批年轻有为的妇女专业人士出现。不久前还几乎由男性垄断的公益事业,经过这一悄然而又急剧的变化,如今正朝向男女平等地承担主要领导职位的方向发展。

妇女现在已得到机会和认可,她们也证实了自己的行政和专业能力。值得更深入研究的是,随着她们的影响和权威日益增大,她们是否会与她们的男性前任有所不同,给公益机构及其运作带来更多的敏感性和同情心,使之更适于承担它的任务。

譬如,现在举国上下都逐渐认识到家庭观念的深远意义和重要性,认识到上一代人抚育下一代的责任,以及忽视或丧失这些将带给个人与社会的灾难性后果。而人们普遍认为,由于天性和生活经验的差异,就总体而言,女性比男性更适合于承担抚养教育儿童、维护家庭关系、照顾贫苦病残等责任。所以,现在看来,公益事业的女性化完全可能使它比以往任何时候都更加适应美国社会的现实需要。

无论如何,这些变化将会继续扩大妇女在新世纪公益事业中的作用和影响,它将带来重要的,甚至根本性的转变。

第七章

光明的前景

　　从历史上来看,随着美国社会的发展,出现的问题和当务之急每过十来年就会有所不同,美国公益事业的组织形态和工作重点也在相应地不停演变。近几十年来,在美国生活中,没有什么比妇女在政治、经济和社会等各个方面所发挥作用的程度的变化更加迅速和广泛的了。这些变化目前正迅速地渗透整个非营利部门,包括公益事业。她们在公益事业的许多方面都已经或正在以不同方式产生着不同程度的影响。

　　首先,在慈善和义务工作的广大范围里,妇女作为组织者、筹款者和义工早已是这一系统的顶梁柱。这些传统活动为妇女提供了最合适的途径,去奉献她们的爱心,追求有意义的事业和为公众服务。这个广阔的领域,包括成千上万座教堂、医院、学校和文化机构等,必将长期为妇女提供倾注她们热情的机会。这些机构虽不可能变化得太快,但它们也在变,显然妇女将在其中拥有越来越多的高级行政职位和决策地位。

　　其次,在地方妇女会、女童子军、女青年会、圣约之子会妇女会等传统的女性团体中，都已发生了重大的变化。过去这些组织被认为是保守的、白人的中产阶级或上层社会的国中之国，而现在，很多地方分支都在新一代妇女领袖的领导下，大大整顿和充实了它们的活动内容，使其更能针对不同背景和阶层的妇女与女孩子们的现实问题，也更易为她们所接受。新安排的项目包括职业训练、成立受虐妇女避难所等。

最后，一些成立多年的女性社会行动组织，如妇女选民联盟和计划生育联盟等，在国家生活中，已变得比以往任何时候都更为积极，也更具影响力。它们的领袖，都已成为全国性的人物。近些年来，从总统竞选辩论到选举制度改革，乃至堕胎问题和妇女的生育权利等，这些国家面临的最有争议和最基本的重要议题，她们都参与了。

此外，近年来还有一个值得注意的发展是，新一代的杰出妇女创建了一些新的、重要的、极有活力的非营利组织。其中最突出的例子是，以玛丽安·赖特·埃德尔曼（Marian Wright Edelamn）为首的儿童保障基金，由格洛丽亚·斯泰纳姆（Gloria Steinem）管理的妇女行动联盟，以及坎迪·莱特纳（Candy Lightner）组织的反醉驾母亲协会。

与私人非营利领域的这些变化同步，各种妇女专业人士、管理人才以及地方、州、全国各级政府民选或聘任的女性官员人数也极大地增加了，而且这一趋势还在加速发展着。

之前已经详述了基金会职员和董事会成员的女性化趋势，人们第一次认识到妇女的多重作用和日益增长的影响对公益事业的重要性。传统中，男人在公益事业中是占据支配地位的，创造和控制着财富的差不多全是他们的，他们设立并掌握着自己的基金会，至死方休。尽管出现了在前一章里介绍过的那些为数不少的例子，可妇女仍然不被认为是有价值的参与者。

现在，人们承认妇女在美国公益事业的历史发展中确实是很有影响力的因

素,尽管她们从 18 世纪、19 世纪直至进入 20 世纪,事实上普遍没有公民权利,而且在法律和经济上都处于劣势地位。如今,人们逐渐发现,至少近两百年来,妇女在公益事业中发挥了与男人同等重要的作用。尽管如此,许多情况至今仍不太为人所了解。

举例是揭示真相最简单明了的办法。

首先,往往是妇女鼓动丈夫、儿子乃至全家,把行善的价值观灌输给他们,使之积极没入公益事业。尤因·考夫曼(Ewing Kanffman)和詹姆斯·凯茜(James Casey)这两位当代的主要捐赠者,就曾承认他们受到了这种影响。菲比·沃特曼·哈斯(Phoebe Waterman Hleas)在费城创建威廉·佩恩基金会,埃德娜·麦康奈尔·克拉克(Edna McConnell Clark)在纽约创建以她的名字命名的家庭基金会,也是其中两个重要的例子。

其次,在由社区基金会管理的众多中小型慈善基金的建立过程中,家庭里的妇女成员往往起着关键性的作用。许多城市中这类基金会的领导人都能就这种现象的普遍性作出见证。

最后,妇女在建立和造就共同的公益机构的过程中,是她们的丈夫和儿子的积极伙伴。突出的例子有:史蒂文·哈克尼斯(Steven Harkness)和她的儿子爱德华(Edward)一起发展了联邦基金会;露西尔·帕卡德(Lucille Packard)和丈夫共同兴办了他们的大基金会;梅布尔·贝克曼(Mabel Beckman)和丈夫一起推进贝克曼基金会的发展;阿黛尔(Adele)和唐纳德·霍尔(Donald Hall)共同领导他们的霍尔家族基金会;萨姆·沃尔顿(Sam Walton)夫人创建了庞大的沃尔顿基金会。

还有一些能说明妇女在美国公益事业中拥有巨大影响的重要而又独特的例子,比如其中最著名的埃德索尔·福特(Edsel Ford)夫人,她活得比她丈夫和父亲亨利·福特都久。20 世纪 50 年代初,她作出了一系列关键性的决定,拯救了危难中的福特汽车公司,进而促使还不健全的福特基金会稳步发展。她更新了这个挣扎中的汽车公司的管理,使之免于破产;她重组了可靠的基金会董事会并明确了它的项目,这些举动都是很英明的。

在可以预见到的将来,不管妇女在美国生活中的地位如何变化,她们在慈善捐赠事业中所起的协同作用看来是不会削弱的。我们应该充分认识到这种作用持续的重要性和必要性。在美国,虽然绝大多数的私人财产仍由男人创造并控制着,但已有许多事例表明,妇女正从原先次要从属的地位上升到能够左右她们的丈夫、父亲或儿子创建的第一流基金会发展的重要力量。

总而言之,妇女对美国公益事业的直接的、间接的或幕后的影响都非常大,其重要性应该得到肯定。

在这一领域中其影响明显的普遍增长,改变了以前她们不能充分发挥能力的状况。近来,至少又有三项同步的发展正在或即将出现,更有助于让妇女大显身手。

第一方面是"妇女基金"的迅猛发展。这种新的基金会可溯源于 1973 年创建的女士基金会,它是依靠《女士杂志》(*Ms. Magazine*)的利润建立起来的,由格洛丽亚·斯泰纳姆担任主席。

现在,在全国社区中已建立了 60 多个这类基金会,而且数目和资产还在急剧增加。它们的共同特点是支持、赞助那些面向妇女和女童问题的有创意的项目。在美国的贫困人口中妇女的比例过大,她们承受着一大堆特殊的负担和折磨,然而长期以来,只有一小部分基金会把资金投向有关项目,其他资助机构往往忽视这方面的需要。这一场"妇女基金"运动就是由此引起并迅速发展起来的。

作为这些基金会的中心机构,全国妇女基金会网络是如此描述她们的目标的:"请想象有这么一个世界,妇女在那里享有同工同酬的待遇,生活在没有暴力、恐惧的家庭和社区里,她们和她们的孩子都有选择的机会,她们在政治事务中有

平等的发言权,并且是处理涉及她们自身问题的主要决策人。仔细想想,我们本应都得到这样的公正和平等啊!"

这场运动尚处于早期阶段。它正在积极扩充和稳定经费来源,如利用妇女收入的减税规定,向职业妇女和继承了家产的妇女寻求赞助等。

第二个方面的进展是美国妇女中能够自己掌握钱财的人数日益增多,这将会加强妇女在公益事业中的独立地位和作用。这方面的例子包括服装设计师唐娜·卡兰(Donna Karan)和乔吉特·克林格尔(Georgette Klinger)等著名企业家,以及继承财产和投资经营有方的妇女,如凯瑟琳·格雷厄姆(Katharine Graham)和奥维塔·卡尔普·霍比(Oveta Culp Hobby)、出版界的安妮·考克斯·钱伯斯(Anne Cox Chambers)、石油和房地产业的玛格丽特·亨特·希尔(Margaret Hunt Hill)、商业兴趣广泛的莉莲·邦兹·迪斯尼(Lillian Bounds Disney)等。这方面的进展表现在1970年以来妇女兴办的基金会不断增加,新基金会中有四分之一是由妇女创建的。

第三个方面的进展是1986年颁布的美国税法中一个微小而又重要的变化,它对妇女成为独立的捐赠者产生重大影响。这项"无限的婚姻免税额"的规定允许丈夫死后把全部财产移交给妻子,而免缴任何遗产税。由于美国近几十年来积累了巨大的财富,不知有多少亿万的美元都将作为遗产在未来的一二十年中传给后人。一般来说妻子都比丈夫长寿,很多富有的男人生前对慈善事业不太有或者毫无兴趣,这一重任就落到了他们的遗孀肩上。这一进展在经济方面连带的影响是非常可观的。

总的来看,过去长期未被承认的妇女在公益事业中的重要地位现在不仅已经确立并迅速增长,而且在可以预见的将来,还可能有更大的飞跃。果真如此,我们就有十足的理由对公益事业发展的前景满怀希望了。当代妇女在整个美国生活中的地位普遍上升,她们在许多领域中大显身手的能力和信心都在日益增强。而过去妇女所作的贡献也为未来几代的女性捐赠者树立了光辉的榜样，并激励她们努力取得更高的成就。

另外还有一点也令人很有信心，这就是当今美国生活中威胁最大的一些问题——家庭破裂、教育、保健、养老、种族和性别歧视等——恰恰是历来美国妇女慈善活动所集中的领域。因此，可以推定，由妇女捐赠者创建和领导的基金会新潮流所优先考虑的重点，将十分符合国家和社会的迫切需求。

要预测妇女未来在公益事业中的领导力和影响力，我们还可以观察近年来一些重要的妇女捐赠者的记录，虽然这方面不是非常令人鼓舞，她们的成绩有好也有坏。最好的可以举出以下两人：一位是和丈夫德威特·华莱士(Dewitt Wallace)一起创建了《读者文摘》庞大帝国的莉拉·艾奇逊·华莱士(Lila Acheson Wallace)；另一位是著名的企业家和养马专家露西尔·马基(Lucille Markey)。她的卡吕梅农场曾驯养出八匹获得肯塔基州德比赛马优胜的良驹。

莉拉·华莱士致富之后就成为一个无比慷慨的捐赠者，临终前，她把巨额财产分赠给了纽约市区一些主要的文化机构。尽管华莱士出版公司的控制权那时已落到一个野心勃勃而且观点不同的经理手中，但他也无法改变华莱士夫人已经作出的安排。

另外一位露西尔·马基在晚年时其财富已经超过个人的需要，十分明智地开始致力于公益事业。她寻求并采纳了一个出色的建议，决定把自己的捐赠集中到医学研究领域。她挑选高素质的人才组成工作班子，并明确规定全部基金必须在她死后十五年内发放完毕，以便达到实际的成效。自她于1987年7月去世以来，基金会由于捐赠得当而赢得了良好的盛誉，其运作于1997年6月30日结束。

而有些例子则很难以成败论。

一位是遍布全球的麦当劳快餐连锁店创建者的遗孀琼·克罗克(Joan Kroc)。她建立的基金会只是泛泛地提出了"帮助人们认识并改变那些可能降低个人价值

和家庭之爱的状况",而一直没有具体的项目和明确的捐赠重点。

　　另一位是芭芭拉·皮阿斯卡·约翰逊(Barbara Piasecka Johnson)。她原来是一个女佣,嫁给了年迈的主人苏厄德·约翰逊(Seward Johnson)。丈夫去世后的遗产纠纷曾引起流言蜚语和她与夫家之间的艰难官司。在解决了种种争端之后,她在新泽西州建造了一座占地 160 英亩的奢华庄园,又花了 1 亿美元搜集各种艺术品,同时也成立了一个基金会。基金会推行一个宏大的计划,要将资本主义的企业移植到她的故乡——波兰去,结果没有成功。不管怎样,至少她有一个崇高的目标。

　　在妇女捐赠者中,有的比较能干,有的不太能干,这没有什么可奇怪的。过去多少年来男性捐赠者的情况也都是参差不齐、有高有低的。真正令人担心的,倒是将来富有的美国妇女会不会也像当今一代大批的有钱人那样,对公益事业和捐赠活动缺乏奉献精神。这确实是一个非常值得关注的问题,我们将在下一章里详细地加以审视。

INSIDE AMERICAN
PHILANTHROPY

04

捐赠行为中的险境

第八章

灾难的警告

　　ξ里森·凯勒（Garrison Keillor）这样描述他备受欢迎的广播节目的播发地——一个叫沃布根湖（Lake Wobegon）的神秘小镇："这里的妇女身强力壮，男人相貌堂堂，所有的孩子也都不同凡响。"从基金会的年度报告和报刊对它们捐赠公告的例行报道中，人们大概对基金会也会得出同样的印象。慈善的意图、巨大的能量、持续的成功，这就是它们被精心刻画的形象。

　　但实际上，许多大基金会的现状是：由于它们所拥有的巨额财富，因而经常会引起一些复杂深刻的矛盾——在捐赠者家庭成员之间，在捐赠者家庭成员和他们的公司职员之间，在捐赠者和政府当局之间，有时甚至在捐赠者和自己创建的基金会之间。这些矛盾在很大程度上就是由于钱和权而引起的，它们往往还因为越来越恶化的家庭关系更加激化。有的新基金会成立时就包涵着极易导致分裂，甚至具有爆炸性的因素。总之，矛盾的存在和爆发是相当普遍的，而且是激烈并具有破坏性的。所以，每一个新的、重要的捐赠者都应该做好心理准备，明白在捐赠行为中存在的危机。

事实证明,新成立的重要基金会中,大约有三分之一在成为有效运转的慈善机构之前就已面临困境:或是出现烦恼的内部争端,或是陷入长期的重大矛盾;有些基金会根本就无法步入正轨。

这确实是相当高的事故发生率,尤其是考虑到大多数新基金会的创建者都有兴办和领导新企业的长期成功经验。由此可见,要创立一个有效的基金会或慈善项目是完全不同的任务,它有自己一些特殊的要求,也要面对特殊的风险。

这里有两个很值得我们分析思考的个案:艾尔弗雷德·杜邦(Alfred I. DuPont)的内穆尔基金会和霍华德·休斯(Howard Hughes)规模庞大的医学研究所(它现在是国内拥有财产最多的一个基金会)。这两位捐赠者对公益事业都缺乏认真明确的想法,结果是:一个陷入了永久的灾难,一个却获得了意外的成功。

久为人知的丑闻

艾尔弗雷德·杜邦是个能干的生意人,在 20 世纪的头几十年中,他有效地领导他那庞大的家族公司走向繁荣。但是,由于他的行为越来越古怪,结婚离婚也太频繁,使他最终被排斥于家族之外。他给自己在特拉华州名为内穆尔的庞大庄园全部建起了围墙,墙头上还插满了碎玻璃,他说这是为了"防范入侵者——主要是杜邦家的人。"

1932 年,在一次射击意外使艾尔弗雷德瞎了一只眼、耳朵也聋了之后,他建立了内穆尔基金会。他通过精心安排设置,使基金会不致与庄园的经营管理有任何牵连,他把它交给四个董事"永远占有并掌控"。

1935 年艾尔弗雷德去世后,他最后一个妻子杰茜·鲍尔·杜邦(Jessie Ball DuPont)的哥哥埃德·鲍尔(Ed Ball)完全控制了信托公司。凭借着一些投资技巧,他使本金大为增长(目前基金会的财产为 5 亿美元左右,而信托公司的总额估计为 18 亿美元)。

这个基金会,从来没有开展过什么像样的慈善活动,有时甚至是挂羊头卖狗肉。除了资助过一所残疾儿童的保健医院外,它基本上只是在维护特拉华内穆尔庄园里的豪宅和花园,另外不过把它开放成了公园而已。

至于那所保健医院,则完全没有认真经营管理,以致特拉华州的检察长曾控告基金会没有履行它的慈善义务,并处以数百万美元的罚款。继而,特拉华和佛罗里达两个州的检察长又共同起诉了埃德·鲍尔掌控的信托公司,控告它以内穆尔基金会的公益事业为名,把收入私吞了。

直到1994年10月,这个基金会和信托公司的丑闻仍然经常是报纸的头条。信托公司的主要资产都是在1967年埃德·鲍尔去世之前聚集的,其中大部分在佛罗里达州。现在,这家公司已变得半死不活,它所控制的一些公司和银行的小股东们纷纷抗议,改组工作势在必行。而徒有公益事业之名的内穆尔基金会,则已很难洗清它所蒙受的巨大耻辱了。

意想不到的转变

霍华德·休斯医学研究所的规模在国内首屈一指,从法律性质上来说,它应归类于自行运作的基金会。它的捐赠基金有80多亿美元,但在它建成后的20年中,一直是个无所作为的基金会。除了作为捐赠者免税的手段,它别无其他目的。

霍华德·休斯是20世纪最有天分,也最为古怪的企业家之一。他从父亲那里继承了一个规模很小但有利可图的制造公司,就以此为基础发展成为国防工业的承包商、电影业的巨头和航空公司老板,变成了一个亿万富翁。他自己也是个飞机驾驶员,曾经创造过越洋飞行的高速纪录。不过,他作为电影皇后们的游伴和拉斯维加斯赌场的花花公子更为出名。

上人神经过敏、反复无常,晚年又患上了妄想症,逐渐隐居起来。他一天到晚担心私密外泄和染上病菌。去世前的最后几年他留了一头长发,整天赤身枯坐在阴暗的旅店角落看低劣的影片;他毒瘾缠身,于1976年死于肝病。

其实,休斯根本无意创建什么公益机构,无论对医学或行善他都毫无兴趣。他在1953年捐款建立医学研究所,只是为了帮他的飞机制造公司避税。1955年,美国国家税务局拒绝给予这个公司特别免税待遇,认为"它只是利用吞吐手段把应课税的收入给了一个免税的基金会"。但过了一年,休斯给当时的副总统尼克松的兄弟安排了一项20.5万美元的贷款,三个月后,税务局改变了上述决定。这未必只是巧合。

此后的20年中,这所研究所勉强支撑着。它只有休斯这位独一无二的董事,收入很少,而其中大部分还要作为租金或其他费用返付给他的飞机制造公司。在这期间,休斯与研究所"所长"没有任何联系,从未通过信或电话,也从未谋面。

1976年他去世后,他的遗嘱官司长达7年之久。到1983年,特拉华州的检察长胜诉,迫使医学研究所扩大其董事会,并授权他来任命半数新董事。他随即指定了一些声望很高的人加入了董事会。

于是,基金会的状况大为改观。它的年度预算,在休斯逝世那年是1500万美元,到20世纪90年代中期增至3亿美元。它现在专注于基础科学研究,主要是在医学和医学教育方面。它在全国50多所领先的医学研究中心、医院和医科大学建立了实验室,资助了2100多名博士和博士后科学家的工作。

尽管休斯医学研究所在前进的道路上仍难免碰到一些小麻烦,但它现在已经有了一个出色有效的董事会和一支由杰出的医学权威组成的工作班子。毫无疑问,它如今已成为全世界医学卫生领域最大和最重要的研究和培训中心。在公益事业的历史上,这恐怕是空前的:在本已毫无希望的一堆灰烬中,竟然会飞出这样一只灿烂夺目的金凤凰。

对于未来的大批美国捐赠者来说,如果要从以上两个对照的例子中汲取什么教训的话,可能就是以下两点:

（二）一个像艾尔弗雷德·杜邦那样自私自利、没有善心的捐赠者，所建立的基金会很可能是腐败的、无效的。

（2）美国公益事业的内在精神和传统力量是如此强大，以至于像霍华德·休斯这样乖戾乖张、胡乱行事的捐赠者所建立的基金会，有时也可能在明智的政府监督者和热心公众事业的董事们的共同努力下被挽救过来。

适得其反：虔诚的奉献者与灾难性的后果

马萨诸塞州的兰德基金会建于第二次世界大战结束后，其创始人是科学天才埃德温·兰德（Edwin Land）。他的实验室在偏振光、摄影、彩色电视等领域取得了一系列重要的研究成果。在此基础上，兰德建立了宝丽来公司。在 20 世纪 60 年代，它是美国发展最快、利润最高的公司之一。

在此期间，兰德开始利用他的公司和基金会，来推进他坚信不疑的各种社会改革和教育改革。他试图以他的公司作为社会改革的载体，去实现"只有一个阶级的社会"的理想。他曾对雇员们表示，他想帮助建立"一个没有等级制度的社会"。他说："我们已经把封建时代的封建结构带进了我们的工业……我们要在宝丽来公司建立一个非封建的社会。"

在兰德的领导下，宝丽来公司采取了一些有魄力的措施，如向黑人提供就业机会、给每个雇员在完成分内工作之外从事研究的机会。兰德还对哈佛大学和麻省理工学院进行了大批捐赠，介绍培养年轻科学家的新教学方法，并设立了一项特别基金，为有特殊才能的本科大学生提供科研机会。

当时看来，一个伟大的新捐赠者的巨大活力已经展现。人们可以感受到兰德在不同方面所产生的影响——从人才开发、科学进步，以及工业环境的改善等方向都有涉及。

这位富于创意、悉心改革、热情鼓动的慈善家，在公司里也是统领一切的首脑。他对自己公司的前景极其乐观，于是，他把基金会的全部资产都转为宝丽来公司的股份——他以为这将最大限度地开拓基金会未来的发展前景。然而这次他却失策了。

在20世纪70年代中期，宝丽来公司将其未来全部押注在一种新的X-120即影即有相机的开发上。而事实证明，这是一次惨重的失败，以致公司的股票价格暴跌。没过多久，兰德很快就被撤销了公司主管的职务，他的基金会最后也被迫关闭。他的冒险的投资决策，扑灭了本来看上去像是美国公益事业发展的新的希望之光。

哈里·约翰（Harry John）在威斯康星州建立的德兰斯基金会，为我们提供了另一个更不寻常的例子：一个慷慨虔诚的捐赠者，在他生命的晚期，由于投资失误而丧失了对自己基金会的控制权。

约翰是个行为有些古怪的人。作为一个狂热的天主教徒，他把自己所继承的米勒酿酒公司的一半资产，大约1亿美元，全部投入他以16世纪罗马天主教一个僧侣的名字命名的这个基金会。

在之后的30年里，约翰和他的妻子埃里卡（Erica），连同他的宗教顾问唐纳德·加拉格尔（Donald Gallagher），经常深入到世界各地的麻风病院、孤儿院、边远乡村的医院，以及类似的天主教机构访问。在这段漫长的时间里，德兰斯基金会所做的大量捐赠，反映了它对处于困境中不同肤色的人们的深切同情和关怀。约翰对基金会的工作废寝忘食、乐此不疲，他和妻子带着几个孩子，一直住在威斯康星州密尔沃基的一所小房子里，生活极其简朴。

20世纪70年代中期，约翰决定把基金会的工作转向美国国内，利用电视网络向天主教徒进行宗教方面的教育。于是他买下了一小组电视台站，并从基金会中拿出数百万美元，投资并组建了一个现代化的电视片场，为这些电视台站制作有关的节目。

但是,他要求这个新的天主教电视网络必须置于他个人的控制之下,而不受教会统治集团操纵。有人认为这也许就是导致他最终失败的原因,可能有一定道理。

当时教会内部有关教规和道德等的论争正日益激烈,在这种情况下梵蒂冈对于出现一个独立的天主教电视网络的风险和可能导致的分裂十分担心。教廷那时在华盛顿的代表朗基主教(Monsignor Longhi)召见了约翰夫人和唐纳德·加拉格尔(他们二人加上约翰先生自己,组成了基金会董事会)。据报道,这位主教警告说,他们面临着两个选择:或者是提起法律诉讼,把约翰先生从基金会的领导位置上撤下来,并砍掉电视网络的计划;或者是面对被逐出教会的惩罚。

此事是否梵蒂冈直接插手,并未得到有力的证明。但事实是,在同朗基主教谈话后不久,约翰夫人就提出了诉讼,指控约翰在电视网络项目上"肆无忌惮地恣意挥霍"。

在原告律师的调查过程中,的确发现了约翰对基金会投资管理不当的证据,并以此为基础修正了对他的指控。法庭判定他违背了作为董事所被赋予的责任,不过没有直接罚款或判刑,而是指令他不得再同自己的基金会有任何联系,不得再对它施加任何影响。

很快地,几乎是转瞬之间,一位来自一家由天主教的非神职人员领导的重要公司的资深行政主管被匆匆派至德兰斯基金会,并立刻着手了结电视网络项目。

哈里·约翰随即就自己的被逐提出上诉,但未成功。此后,德兰斯基金会在已经与约翰离婚的埃里卡照管下,平静地,几乎是无声无息地继续存在着,不断向天主教的各种公益机构提供小数目的捐款。笼罩在这个案子上的疑团,始终被搁置在那里,未能得到澄清。直到1992年,这个故事才有了一个离奇的,甚至是荒诞的结尾:一直孤身隐居在加利福尼亚州的哈里·约翰被他的律师告知,虽然他已不能参加德兰斯基金会的任何活动,但依照有关法律,他仍有权决定自己死后基金会所余财产的归属。于是,他构想出了一个名为"南方十字"的新基金会的轮廓,草拟了它的项目计划,并任命了董事会成员。他随即把这些内容写进遗嘱,并特别提出,在他死后,这个基金会将接受德兰斯基金会存留的全部资产,总数约为1亿美元。

那年岁末,约翰突然中风,并发心脏病。某一天,他的医生宣布,约翰已经基本上成了植物人,并认为再用任何药物都已毫无意义。但几乎与此同时,约翰的前妻出现在病房,强令医生继续开药,让约翰已十分虚弱的生命又勉强维持了两天。而就在这短暂的两天里,德兰斯基金会的小小董事会把它的剩余资产全部处理了:把7000万美元捐给了密尔沃基的大主教管区,其余的钱则以百万为单位分送给了其他一些天主教的公益机构。

这样一来,在哈里·约翰最后离开这个世界时,德兰斯基金会已经一文不名了,他的遗愿最终也成了泡影。公益事业中一个捐赠者遭到如此惨痛失败的离奇故事就这样结束了,这个天生的苦行者由于热衷玩弄财务手段而给自己和自己的基金会带来了灾难,但他所受到的惩罚似乎又太过了。

如果要从以上这两个很不相同的例子中总结教训的话,那可能就是:创建大基金会本来就有风险;而在一个狂热的、固执己见的捐赠者领导下,风险就更大了。兰德具有成为大捐赠者的潜力,但他在处理基金会的投资时过于轻率,以致造成灾难。约翰是一个长期献身于公益事业的人:他要么是太不负责任,竟想在管理基金会的投资时得到点个人的好处;要么太欠思考,以为自己能够对抗教会的强大统治集团。当然,也有可能两者的因素都存在。

不管怎么说,这两个活生生的例子都在提醒着我们,像基金会这样的公益机构,也免不了遭遇人世间任何其他事业所会遭遇的危机和意外挫折。同时也说明了,在创建基金会的过程中,情况是十分复杂多样的,有时甚至完全预料不到的。因此,创办基金会既没有简单的成功规律可循,后果也难以预料。

第九章

灾难的来临和出路

　　第八章里所列举的几个灾难性事例，有助于人们清醒；而回顾一些基金会在大难临头时化险为夷的历程，也许更有多方面的教益。这些事例虽然各不相同，但全都能传递给人们这样的信心：即使基金会已经腐败不堪、冲突不断，有着善良心愿和事业勇气的人也能设法挽救局面。在一些个案，包括一些很重要的个案中，他们都取得了成功。

　　事实上，即使捐赠者、董事们或职员们，已经酿成了令人震惊的重大错误，情况有时还是能向好的方面转化。下面的一些事例各不相同，但都能给我们一些启发。

哈特福德基金会

　　哈特福德基金会创建于 1929 年，创始人是哈特福德（Hartford）兄弟俩，他们在 1859 年开办 A&P 食品杂货店，并在 20 世纪头几十年里将其发展成了第一家全国性的连锁超级市场。当初建立基金会，他们主要是把它当作一种防止外人夺走公司权力的手段。到 20 世纪 50 年代后期,两兄弟相继去世以后,掌了权的一帮公司老主管和少数家庭成员,把基金会和公司弄得每况愈下。由于基金会只是在医药领域有一些无关紧要的计划,一时尚未引起内部的紧张;但随着公司利润的不断下降,捐赠者的一些亲戚们越来越恼火了,因为这引起了他们所持股份的价值下跌。于是,在掌权者和股东们之间,展开了一场旷日持久的纷争,直到 20 世纪 60 年代仍毫无缓和的迹象。

20 世纪 60 年代末,国会众议员赖特·帕特曼(Wright Patman)发动了一场对慈善基金会的攻击,并特别把矛头指向了哈特福德基金会。哈特福德基金会的元老们这才下决心甩开 A&P 公司原来的行政主管人员,另觅一位独立的托管人。不过,他们并不用走得太远。一位来自当时 A&P 的退休人员最喜欢的冬季度假胜地里福德角的朋友伦纳德·达尔斯米尔(Leonard Dalsemer)被邀请来主事。他的表现让人觉得他是一位少见的精力充沛、能干异常的改革者。

达尔斯米尔在事业上是个成功的出版商和私人投资家。他以企业家的精明干练,很快就在基金会内部大权在握。为了不违反 1969 年国家关于禁止基金会拥有"过量的商业股份"的立法,他找到了一个愿意收购基金会所持的 A&P 大部分股份的德国买家,并怂恿董事会接受了这项交易。在迈出了这关键的一步后,这位新托管人开始整顿基金会的项目,又从别的基金会请来了一位一流的总监,并建立了一个适宜的经费管理系统。到 1980 年,他上任 10 年之后,哈特福德基金会已成为一个现代化的生机勃勃的机构——这在很大程度上应归功于达尔斯米尔的无私奉献和远见卓识。

然而这故事的结尾,还有一段令人想不到的转折。就像达尔斯米尔当初振兴基金会并使之现代化的无比热忱令人迷惑难解一样,不知为什么,他后来在基金会中又变成了一个独断专行的统治者,以至于几年后他离任和最后过世时,基金会的骨干们竟然大为高兴——他为了成就这个优秀的基金会付出了多少心血啊!

如今,哈特福德基金会还在健康地运转着。它最新的工作重点是尽力满足老年人的特殊保健需要和保证医疗保健事业的高质量、低费用。

卫加特基金会

加利福尼亚州的卫加特(Weingart)基金会,是洛杉矶一个在繁荣年代初期白手起家,搞房地产业发了大财的人创立的。他在临终之际把财产一股脑儿甩给了只有框架的基金会。他是个单身汉,据说在生命的最后日子里,曾亲口这样说:"如果有可能,我就定做一块特大的裹尸布,把我的钱和我自己裹在一起。"不过,他最后还是指定了三个商业界的熟人作为基金会的董事。他们并不是他的挚友,但在他的请求下同意任职。他给他们的唯一指示,就是不能改变他帮助穷困潦倒的人们的初衷,这基于他自己早年的悲惨经历。

在他死后,这个小董事会不得不几乎是从平地建造起这个基金会。但没想到,他们马上就面临着没完没了的麻烦官司,卫加特的一个情妇一心要否定他的遗嘱。董事会耐心而又毫不动摇地迎接了挑战,经历了漫长的诉讼过程,最后问题总算得到了解决。之后他们致力于发展基金会的计划,并雇用一批职工,把包括大批房地产股份在内的基金会的财产管理起来。

为了了解和弄清卫加特的意愿,董事们进一步调查了他的历史。这才知道,他童年是在别人家里寄养的,曾在佐治亚州当农田里的帮手;之后来到洛杉矶,一直是在贫民区为洗衣店送货。他的捐赠意图产生的一个线索就是他曾说过,他在那些下层贫民聚居的地区遇到过很多很好的人:"他们和你在其他任何地区遇到的好人一样,只是他们绝大部分运气不佳,或者只不过年老而已。我一辈子都会记得他们。"

在这一线索的指引下,董事们以建立一个专为穷困潦倒的人们的需求而设的项目作为开始,随着这一项目的顺利进行和基金会财力的增长(已有 6 亿美元之多），他们又进一步扩充了项目的内容，包括在加利福尼亚州南部六县以低收入社区青少年为对象而进行的一系列工作。

卫加特基金会的董事会和职员阵容特别坚强。正因为有这班人马，基于基金会日益扩大的财产规模及其项目重点的明确性，它正在成为该地区推行社会变革的一支很可观的潜在力量。这个犹如挽救了一个被弃孤儿的基金会的故事，已经有了一个非常令人欣慰的结尾。

阿伦·戴蒙德基金会

阿伦·戴蒙德（Aaron Diamond）基金会，是公益事业从死神魔爪下起死回生的十分典型的个案——一个纯属偶然的机遇把这个新建的大基金会从阴谋和灾难中挽救了过来。

这个基金会的捐赠者戴蒙德，是纽约市一个成功的房地产商。他的商业道德很成问题，围绕在他身边的一群人，绝大多数都经常有这样那样的违法行为。他的妻子艾琳（Irene）原来是一个电影演员和制片人，她对各种各样的文化活动和公众事务都深感兴趣，只是全无商业经验。戴蒙德去世之后，为他管理财产的两个主要顾问立即给艾琳送来了一堆法律文件，告诉她必须马上签署。他们本以为这些文件复杂得令人生畏，而艾琳对这类事情又一窍不通，她会看也不看地立即提笔签署。没想到，艾琳已经找过别人咨询。

艾琳正好与威尔伯·费里（Wilbur Ferry）十分熟悉。此人实际经验丰富，且对公益事业颇有见解，他在福特基金会的早期阶段，曾经做过亨利·福特二世的顾问。后来他又做过共和国基金的副总裁，这个维护公民自由权利的项目是由前芝加哥大学校长罗伯特·哈钦斯（Robert Hutchins）主持的。

费里根据艾琳·戴蒙德的要求，推荐了一个精明的年轻人文森特·麦吉（Vincent McGee），去帮助她按照丈夫的遗嘱把基金会建立和掌控起来。在那一堆要艾琳签署的文件送来时,麦吉正好跟她在一起。根据她的要求,麦吉研究了所有的文件。他虽然不是一个律师,但也很快弄清了这批文件的内容。原来,这是一套完整的财产转让书,即把她丈夫的财产,包括划归基金会的财产,都置于这两个顾问的控制之下——显然是这两个人盗用她丈夫的名义所干的无耻勾当。

于是,艾琳·戴蒙德聘请了一位独立的律师作为法律顾问来处理这件事。之后事情的发展迅速而激烈,各种蛮横、恶毒的威胁接踵而来,但艾琳岿然不动。那些人窃取财产的阴谋以失败而告终。

建设基金会的工作开始了,并且很快它就形成了一个很有特色的机构。戴蒙德夫人胸有成竹,要把捐赠的目标集中在医学研究、少数民族教育和文化项目上,而且全部在纽约市内。为了能够在这些目标上尽快取得成效,她决定基金会必须在 10 年之内把所有资产全部用光。

戴蒙德夫人和麦吉一直和谐共事(后者是维护公民权利活动的积极分子,曾为反对越南战争坐过牢),这两个意志坚强的人共同组建了一个出色的基金会董事会,制定了富有活力的计划,重心放在少数民族教育、各种文化项目、艾滋病研究以及保障人权和公民权利等方面,并作出了大量贡献。

戴蒙德基金会成了美国少数几个能够定期给予人们援助捐款的基金会之一,赢得了许多受惠者的称赞。基金会信赖那些知道自己该做什么,并该怎么去做的人。

这个基金会要在 1997 年以前全部用完它的资金,当它不复存在时,人们非常怀念它。

哈特福德、卫加特和戴蒙德这三个基金会的经历,是 20 世纪后半期美国中型基金会中面临灾难而又绝处逢生的比较重要的例子。它们之所以能够如此,有多种因素,有机遇、执着而强大的动力、家庭成员甚至陌生人的鼎力相助等。如若不然，就对公众的利益而言，这几个基金会的结果最好也不过是乏善可陈；而最糟就会弄得丢人现眼，甚至危害不浅。

这里还有另外三个大基金会的例子，它们都曾面临灾难，但又都化险为夷。它们分别是：罗伯特·伍德·约翰逊基金会（拥有资产 36 亿美元，名列全国第六）；麦克阿瑟基金会（拥有资产 37 亿美元，名列全国第四）；福特基金会（拥有资产 65 亿美元，名列全国之首）。

罗伯特·伍德·约翰逊基金会

位于新泽西州的这个基金会，是一个相当能干而又成功的商人罗伯特·伍德·约翰逊（Robert Wood Johnson）创建的。他家所办的医药公司发展最迅速的时期便是由他领导的。他在科学和社会政策方面有着广泛的兴趣，一生都在积极参与政治和公共事务。他也很早开始热衷于公益事业。在 1936 年，即他去世前 30 年，就建立了自己的基金会，用以支持他所感兴趣的各种项目，如在西北大学创办了全国第一所医院管理学校。后来，为了避免经常困扰其他大基金会的家族纠纷，他十分慎重地又建立了一个独立的小基金会，使他的家庭成员可以做一些他们感兴趣的慈善活动。

除了这样一些明智的、有远见的考虑，约翰逊也做了一些事，导致以后种种问题的发生。譬如，他要求他的基金会在卫生保健事业方面开展工作，而这正是他的公司的业务领域，两者交叉，就可能引起麻烦的利益冲突。同样成问题的是，他把基金会交给了公司的一伙主管人员们管理，让他们都成了基金会的董事，他甚至还指定公司的总裁古斯塔夫·林哈德（Gustav Lienhard）担任董事会主席。除了这些充满风险的安排，他在生前没有作任何努力去充实和加强他的基金会，以备它万一脱轨时，还能把它拽回来。

情况相仿的莉莉基金会的教训本应使约翰逊警觉。它也是与捐赠者的公司关系不清,曾因利益冲突问题而困扰了很多年,并由于要把年迈的公司主管们安置在基金会董事会里吃闲饭而使基金会不堪重负。

1938 年约翰逊去世后,事情便接连发生——所幸都是好事而不是坏事,所有的董事很快都脱离了公司。林哈德在退休后,立即潜心于公益事业的调查研究,向一些知识渊博的人士求教。他决心要使这个基金会不只是办得好,而且要成为这个领域中的一个龙头。随后他用了将近一年的时间几乎走遍全国,去寻找适合担任基金会新总裁的人选。他终于找到了这个人,就是当时约翰·霍普金斯大学里声誉很好的医学院院长戴维·罗杰斯(David Rogers)。

这样一来,这个原来由一批与医药体制关系密切的保守人士组成的董事会,加进来了一个教育家和医生、一个要创立提供保健服务的新系统的积极的改革家,看起来这样的组合好像未必能和谐共事。

另一个潜在的问题是:林哈德仍然执意要担任全职的董事会主席,并把自己和总裁的两个办公室连在一起。所以,罗杰斯必须在他的"垂帘听政"之下主持工作。不过,与人们的担心和估计相反,这一切问题都圆满地解决了。

在以后的 10 年里,罗伯特·伍德·约翰逊基金会写下了一页光辉的记录。它依靠罗杰斯挑选来的才华横溢的一班人马,完成了近 30 项医疗保健新方法的跟踪实验。这些为残疾人、为乡村社区、为在校儿童、为老年人及其他所作的科学实验,都是全国性的,其结果都有详细的科学评估。

然而,在约翰逊死后的第二个 10 年里,事情开始变得不尽如人意。林哈德变得日益专横,罗杰斯再也不能忍受,最后离开了;他的一些最优秀的职员也相随而去。不过,从那以后,董事会逐渐多元化,新一代年轻有为的职员被吸收进来。如今,虽然基金会再未能重现当年的辉煌,但仍然属于非常优秀之列。

捐赠者在创建基金会时如果过分倚重自己公司的老职员是很冒险的,处理得不好,结果就可能十分糟糕。

福特基金会

福特基金会屹立至今,是因为避过了美国公益事业史上空前巨大的一场灾难。这个基金会是埃兹尔·福特(Edsel Ford)和妻子埃莉诺·克莱·福特(Eleanor Clay Ford),在埃兹尔的父亲、汽车制造商亨利·福特的默许下于20世纪30年代签署创立的一项计划。对于公益事业,老福特一点儿兴趣也没有,而福特夫妇略有兴趣。他们最初的意图只是要建立一个中介机构,以便捐款给各种地方慈善活动。

到1948年,老福特和埃兹尔都去世了,基金会继承了福特汽车公司几乎全部股权。埃兹尔的儿子亨利·福特二世从大学辍学回来,开始领导父亲留下的问题成堆的庞大公司。当时,老福特从前的保镖哈里·贝内特(Harry Bennett)手下一帮恶棍,仍然在公司地盘上握有实权,使公司遭受了惨重的亏损。年轻的亨利接手时,公司已是奄奄一息:整个管理一团混乱。他用了很多时间来收拾残局,而他去上班时还不得不随身带着手枪。

几乎就在同一时间,亨利得知自己还继承了福特基金会主席的头衔以及许多相关的责任。对此,他毫不开心,正如他第一次拿到董事会议事日程时对一个亲信顾问所说的:"这玩意儿根本不是我的本分,我想干的就是制造汽车。"

在汽车生产方面,情况倒确实有所改进。贝内特那帮人被撵走了,一员干将被雇来全面整顿公司业务,不到两年,利润就开始滚滚而来。如水涨船高般,基金会的资产也增加了。完全可以想象,如果公司继续繁荣,这个基金会必将大大发展,甚至可能成为全国最大的一家。为此亨利作出了一个决定:建立一个专家委员会,来探讨研究基金会应该具备怎样的机构和项目。也许这是出于埃兹尔的遗孀埃莉诺的要求,她是这整出戏中一位聪明而坚强的角色。很可能她是听取了卡尔·康普顿(Karl Compton)博士的建议,他当时是麻省理工学院的院长,也是福特

汽车公司的一名董事。

罗恩·盖瑟(Rowan Gaither),一位聪慧过人的年轻律师,第二次世界大战时曾和康普顿博士一起搞过一个重要的科学项目,被选为这个专家委员会的主席。他挑选了一批各有所长的人才与他共事,其中包括从美国心脏协会请来的威廉·麦克皮克(William McPeak),他后来成了设计这个规模宏大的新实体的创造奇才。

这个委员会用了两年时间,向全国各地的许多有关人士和机构进行咨询和调查。他们得出的研究报告,在全面分析、科学论证的基础上,提出了新的基金会优先事务并确定了它的地位作用;这至今仍是同类工作中最为出色的。1952 年,董事会开始以这份文件为指导进行工作,并聘用保罗·霍夫曼(Paul Hoffman)担任福特基金会的第一任总裁,他是一位企业家,作为刚刚完成的马歇尔计划的主持人而享有世界性的声誉。霍夫曼随即带进来一个由资深的项目总监等组成的充满活力的工作班子——对于公益事业这个沉闷世界来说,也许活力太盛了些。这一班人马,包括罗伯特·哈钦斯这个才华横溢而又颇有争议的原芝加哥大学校长在内,在很短的时间里,不仅在国内,而且在国际上,推行了一系列引人注目的大胆新计划。他们的行动,赢得了广泛的赞扬。

然而之后陆续发生了一些严重的问题。霍夫曼过分专注于 1953 年艾森豪威尔的总统竞选,以致冷落了基金会的工作。这年年底,他被免职了。当时世界已进入冷战时期,美国国内麦卡锡主义开始横行,罗伯特·哈钦斯作为一个无所畏惧的公民自由权利的热情维护者,像一支避雷针,引来了右派势力对他所任职的福特基金会的无情围攻。此后连续数年,为了应付国会一系列的调查和媒体持续不断的攻击,基金会的精力消耗殆尽。

但是,福特基金会还是战胜了这场风暴生存了下来。它的历任总裁有的保持低调,有的名声响亮,基金会的形势也有进有退,时起时伏。不过总的来看,它比原来人们所担心会出现的局面要好得多。这大部分应该归功于那些默默无闻的英雄——埃莉诺·克莱·福特、罗恩·盖瑟、威廉·麦克皮克、亨利·福特二世，以及备受争议的罗伯特·哈钦斯。他们填补了老福特和埃兹尔留下的空缺，使基金会走上正轨，并成为一个今天受到国内外普遍敬重的有效的公益机构。

麦克阿瑟基金会

芝加哥的麦克阿瑟基金会，是基金会中面临困局而最终找到出路、轰动一时的最新例子。

它的捐赠者约翰·麦克阿瑟（John MacArthur），是一家很赚钱的大保险公司的东主。此人品质低劣，贪得无厌，对公益事业和公众事务根本不感兴趣，他甚至与自己的独生子也不共戴天。他于1970年建立基金会，纯粹是为了避税。按照他们这一类捐赠者的典型方式，他把商场上的一些狐朋狗友加上自己的妻子塞进董事会。他的妻子认为建立基金会纯系胡闹，从未参加过一次董事会会议。但之后他又出人意料地把与其交恶的儿子罗德（Rod）也拉了进来，弄成了一锅真正的大杂烩。

1978年他临终之际，有的董事问他想要基金会今后做些什么，他显然毫无主意，只是对他们说："这是我挣的钱，你们这帮家伙得想办法把它给我花掉！"在如此这般的"指导"下，基金会一开始的状况可想而知。那时的董事们绝大多数都是保险公司的职员，面临着必然存在的严重利益冲突。不过他们都和捐赠者一样，信奉那种粗鲁而实用的个人主义。只有罗德·麦克阿瑟，作为一个自我造就的成功企业家，与其父亲的政治倾向相左，坚信基金会应该"置身于社会变革的前沿"。

罗德实际上带着一种报复心态投入于基金会的工作。他有两个目标：彻底清理他认为像马厩一样污秽的基金会；同时拿出大部分资金设立一个意义重大的现金奖项，颁发给那些在世界各地"特立独行的天才"。在父亲死后的头一年，罗德就强烈要求扩大董事会，增加一些有能力的、独立的董事，他还极力主张基金会所持的保险公司的股份应该多样化。

但是，在董事会的会议室里他几乎是每战必败。后来他意识到这些人都有利益冲突的把柄，而且又害怕把内部的争斗公之于众。于是，他开始威胁他们说，要起诉控告他们，要召开记者招待会揭露他们。他还细心地搜集并掌握了各种账目记录。

人们从未见过公益事业中如此规模的一场内战。最后，罗德胜利了。他获得了实施他的"特立独行的天才"计划的基金，现在称为麦克阿瑟研究奖金计划，成为基金会成就中的一项王牌。他还成功地扩大了董事会，增加了七名董事。这都是他亲自推荐的、声望很高的人士，包括两位举世闻名的科学家和三名前大学校长。其中只有一个曾在尼克松总统手下当过财政部长的威廉·西蒙（William Simon）和那些与保险公司关系密切的董事们的保守倾向沆瀣一气。几个月后此人竟要求董事会撤销罗德的职务，董事会否决了他的要求。他一怒之下，便辞职而去。

这是一个分水岭。此后基金会的表现渐臻佳境，但罗德仍不肯姑息。他一再指控某些董事会成员对基金会的资产处理不当，索费过多，指控那些仍与公司关联的董事们对业务管理不善。到1984年年初，他对所有董事（两人除外）提出诉讼，列举了一系列的罪状，要求法院或者按照破产法对基金会进行处理，或者把它解散了事。这场旷日持久的官司未能了结，因为在此期间，罗德患癌症去世了。这个在麦克阿瑟基金会发展过程中骚动不安的因子的传奇，就这样结束了。

罗德是理想主义的、不屈不挠的，像只野猫一样厉害。他不只是难以对付，他的有些朋友乃至他的敌人，都感到他有点近乎疯狂。但是，从公众利益的立场来看，他所提出的大多数主张都是正确的。他是原先的董事会中唯一坚持认为基金会的作用应该与它的巨大财富相称的成员。他的方法是生硬了些，但在他去世后，不断改进基金会、董事会和项目的趋势仍在继续着，由此可衡量出他的成绩。

　　为什么罗德如此全心全意、义无反顾地去拯救并转变他父亲的"纪念碑",答案得从一个被冷落、被嫌恶的独生子的心灵深处去寻找。如果他没有奋力把基金会从父亲留下的水平上提升,那今天它很可能成为一个全国闻名的耻辱(应当提及的是,罗德在他自己的生活道路上,是一名自立的、成功的企业家。在去世之前,他用自己的财富创建了 J. 罗德里克·麦克阿瑟基金会。它所实施的一个项目,就是去帮助那些"遭到现有机构不公正对待的人们")。

第十章

艺术界截然不同的个案

　　这几十年来,由于在美国出现了对于现代艺术——及其价格——的极大兴趣,造就了一批相当富有的艺术家。在这些财富的基础上,已经诞生了两个重要的基金会:一个是美国现代艺术的重要人物、画家杰克逊·波洛克的遗孀所创建的波洛克—克拉斯纳基金会;一个是 1987 年由另一位视觉艺术领域的重要人物所创建的安迪·沃霍尔基金会。

　　波洛克—克拉斯纳基金会,是一个成效巨大的为艺术家服务的公益机构,在它建立过程中表现出来的智慧与真诚,堪称楷模。沃霍尔基金会则相反,是一场无休止的贪婪、冲突和混乱。如果不是后来加以控制,它很可能使其他富有的艺术家寒心泄气,再也不愿把他们的作品捐赠给什么基金会了。

波洛克—克拉斯纳基金会

　　在 1956 年因车祸身亡时,杰克逊·波洛克(Jackson Pollock)已是 20 世纪最伟大的绘画大师之一。他的妻子李·克拉斯纳(Lee Krasner)也是一个知名的画家,只不过由于丈夫的显赫声名，自己又不愿与之竞争，她的才华不太为人注意。但在丈夫死后，她也获得了作为一名艺术家的国际声誉。

他们结婚时，波洛克身无分文，克拉斯纳在纽约格林尼治村的一个餐馆当女侍。作为艺术家，他们长期在贫困中挣扎，只是在波洛克生命的最后几年里才得以摆脱困境。

克拉斯纳是一个坚忍顽强的女性，是非分明。在她的晚年，有位作家描绘她是"一个非常厉害的、谁也骗不了她的女人"，神态却似一个"静立的口袋"。

她必须坚强，才能受得了波洛克在酗酒或精神病发作时的狂怒，使他们的婚姻维持下去。她也需要依靠这种品质，使自己在那些年代艺术界流行的性别歧视中生存下来。连她的老师、著名艺术家汉斯·霍夫曼（Hans Hofmann）在 1937 年谈及她的一幅画时，都这样说过："画得这么好，你简直不相信它会出自一个女人之手。"

尽管有那么多困难，波洛克和克拉斯纳夫妇一直保持着自己对艺术的坚贞。虽然他们的婚姻关系波澜迭起，但克拉斯纳对波洛克才华的信任始终坚定不移。20 世纪 80 年代初，在丈夫死后很久，克拉斯纳本人的健康也开始恶化时，她的财富已达 2000 多万美元，主要是她保存的波洛克以及自己的作品。由于他们没有孩子，她决定用全部财产建立一个基金会，并特别提出：她丈夫的名字必须第一个出现在基金会的名称上；基金会的资金绝不能用于推销她和波洛克的作品，而必须用来帮助那些"需要帮助和值得帮助的视觉艺术家"，不论他们年龄多大，也不论他们在世界的任何地方。

1984 年，波洛克—克拉斯纳基金会正式诞生。从那时起，它就成为一个明智的、充满爱心的、没有官僚习气的公益机构的样板。它慷慨而灵活的捐赠，帮助许多艺术家缓解了面临的几乎所有问题——画室租金、急诊费用、精神健康方面的帮助，以及其个人的或专业上的困难。捐赠的数额是没有限度的，完全根据每个人的具体情况而定。申请的手续也很简便,而且随时都可以提出申请。特别难得的是,捐赠的决定作得很及时,这在一般基金会里已几乎看不到了。

克拉斯纳还为基金会成立了一个由艺术界知名人士组成的专家委员会,负责评判申请人的艺术成就(有人形容它是"可以辨识但不一定已被辨识的优点")。基金会工作人员负责调查申请人申请情况的真实性,而董事会据此决定捐赠的数额。受赠人的姓名只有在艺术家本人同意的情况下才公开。因为有些艺术家,特别是年长一些的,很不情愿让同行们知道自己接受了一笔主要是援助性的赞助。

也许最不寻常的是,这个基金会并不要求它的申请人对它奴颜婢膝或彬彬有礼。它的一位行政主管说:"申请人对捐赠者普遍表现出来的那种毕恭毕敬,在艺术家中间是不存在的。我们曾捐助过一些怨气很大甚至出言不逊的人;要是在其他基金会,肯定会把他们赶出门外。"

在 20 世纪 90 年代前期,即波洛克—克拉斯纳基金会运作的第一个 10 年结束之前,它已经向 1000 名个人进行了捐助,总数约为 1000 万美元,得到的反应极其强烈。艺术家们称颂这些捐款把他们从创作障碍到企图自杀等种种困境中解救了出来。每一份捐赠,都帮助它的接受人战胜了特殊困难——无论是健康上、心理上、专业上,还是经济上的危机。

基金会的影响悄悄地扩散到了整个艺术界。这是由于它一视同仁的判断力、热心的态度,以及对艺术家的感觉和观念的理解。

这一切是怎么做到的呢？为什么李·克拉斯纳这位在组织领导方面毫无经验的女人,能够取得如此成就？而且,在艺术交易商和诈骗行为充斥、有时甚至是弱肉强食的艺术界,为什么唯独这个基金会能在其捐赠者已离去很久,都能一直保持正直、自尊和敏锐的品格？答案是发人深省的。

首先,克拉斯纳依靠自己作为艺术家的直接经验,清楚地知道应该让自己的基金会去做什么。她个人很了解当代美国艺术家的苦衷。去世前不久,在同一个老朋友论及想要自己的基金会从事哪一类有价值的事业时,她说:"我是一个艺术家。我希望它去帮助艺术家。这就是我所知道的,这就是我的世界。"

其次,在克拉斯纳所信赖的朋友中,有两个具有丰富经验和实践智慧的人,她最乐于去请教。一个是她在法律和其他事务上的常年顾问、著名律师杰拉德·迪克勒(Gerald Dickler);另一个是世界上最受尊重、最为成功的画商之一尤金·维克托·邵(Eugene Victor Thaw)。从基金会成立起,这两位一直是为之忠诚服务的董事。邵一直负责指导艺术品的市场策略,这些艺术品是基金会的主要财产,他还为波洛克的全部作品编辑了四卷本的分类目录。

最后,克拉斯纳也能让邵和迪克勒不仅接受自己想让基金会做什么的意愿,而且同意她要求基金会在运作中必须体现的情感和作风。在决定基金会的行政领导人时,他们选择了查尔斯·伯格曼(Charles Bergman)。他具有艺术-基金会管理和精神医学方面的背景。克拉斯纳就这样聪明而妥善地任用她的"董事们"。作为一个具有判断力和自尊的人,她也特别重视别人身上的这些品质,而且把自己的董事会建立在这个标准上。正由于她的个性和智慧,这个基金会始终一丝不苟地贯彻她的意图。

安迪·沃霍尔基金会

由另一位美国著名艺术家安迪·沃霍尔(Andy Warhol)创建的基金会,则问题重重,与前者大不相同。

沃霍尔死于 1987 年,他的遗嘱规定,把他的全部财产留给他"为了发展视觉艺术"而建立起来的基金会。这些财产,不仅有他本人的艺术作品,而且还包括很值钱的房地产,大量的古董、古玩和他自己的现代艺术收藏(其中有其他美国艺术家的 700 幅绘画、9000 张素描、19000 件印制作品和大约 60000 件摄影作品等)。这笔巨大财富的价值,当在 1 亿至 8 亿美元之间。

由于拥有如此巨额的财富,沃霍尔基金会轻易地进入了美国最大的 200 家基金会之列;如果按照不同的估算,它也可能名列前 50。

沃霍尔与李·克拉斯纳是完全不同类型的人。除了作为艺术家所可能有的一些品质外,沃霍尔还是推销自己和自己作品的能手,是各种艺术品的收藏家和生意人,是千方百计操纵传媒制造舆论的干将,而且是涉足艺术界那些低俗地带的常客。

他对自己创立的基金会的前景模糊不清,而他重用的一帮负责人后来被证明都是在钩心斗角、追逐私利。在最初几年里,基金会的首脑频繁轮换,资金消耗殆尽,开销不断上升,其运作也总是一团混乱。由于付给董事们过高的服务费,以及与前任地产律师的一场激烈的官司,使开支相当惊人。在这段时期基金会虽然也作过一些捐赠,但大部分都给了董事会成员自己喜好的公益事业。

而当一些基金会的批评者,包括一些内部人士,对基金会项目的混乱提出质疑时,董事会却认为把安迪·沃霍尔这样难以捉摸的艺术家的遗产纳入某个体制之中,实际是有害的。基金会的一个项目总监这样说道:"要制定严格的宗旨,简直就不是沃霍尔的风格。"

1994 年,新的总监阿奇博尔德·吉利斯(Archibald Gillies)上任时,把自己的职责描述为"一个营救的使命"。他耗资 12.5 万美元,发动了一场公共关系闪电战,给基金会的颓败形象涂脂抹粉。但是董事会成员间的以自我为中心和利益冲突不断,引起对领导人管理不善、索费高昂、私吞资金等行为的连珠炮似的公开指控。

也有些与基金会有关系的严肃之士,从困境降临之初就试图进行抢救,但经过几年来阻力重重的努力,前景仍不乐观。基金会也在竭力摆脱困境,但这远不只是一个基金会如何存活,或者一个重要的现代艺术家该如何在身后留名的问题。正如《纽约时报》1994 年 6 月在一篇评论中指出的:沃霍尔基金会的命运,"会帮助我们判定，像罗伊·利希滕斯坦（Roy Lichtenstein）、贾斯珀·约翰斯（Jasper Johns）和其他一些当代艺术家，会不会安心地把自己可观的财产交给公益事业"。

这些富有的艺术家和潜在的捐赠者，如果想到李·克拉斯纳为基金会挑选人才并委以重任时所表现出的智慧，应该会放心一些。反过来，也可对安迪·沃霍尔运作他的基金会时的价值取向和反复无常、漫不经心的态度细细反思一番。

INSIDE AMERICAN
PHILANTHROPY

巨大的中间王国

第十一章

家庭基金会和家庭的问题

顾名思义,家庭基金会就是由一家之主所创建,而后由他或她的后代及其配偶所控制旳基金会。它们形成了美国公益事业巨大的中间王国:美国 3.5 万个私人基金会中的大约四分之三,都属于这种类型。

绝大多数的家庭基金会规模甚小:90％左右的资产不到百万美元;约 5％～10％的资产不到 500 万美元;中档的有 50 家左右的资产在 5000 万～3 亿美元之间;而超过 10 亿美元的只是顶尖的极少数。

它们发挥的作用和它们的资产一样,差别很大。大多数家庭基金会仅仅是少量地捐款给其家庭成员有兴趣的当地公益机构和教堂;没有专职的工作人员,只有一些较大的和较有名气的家庭基金会,人员齐备,计划进行得卓有成效。譬如卡罗来纳州的玛丽·雷诺兹·巴布科克(Mary Reynolds Babcock)和威廉·凯南(William Kenan),俄亥俄州的诺德(Nord)和冈德(Gund),宾夕法尼亚州的海因茨(Heinz),密苏里州的霍尔,德克萨斯州的肯普纳(Kempner),明尼苏达州的戴顿(Dayton)等。这些家庭基金会,全都是和谐而富有成效的,不少是历经多年而不衰。也有另一个极端：有些家庭基金会虽然规模也不小，却极其糟糕甚至腐败。例如德克萨斯州艾尔弗雷德·杜邦的内穆尔基金会和穆迪（Moody）基金会，就是一直不景气的。在这两者之间，大部分的基金会实施的项目都还有效，但往往由于家庭矛盾而内部关系日趋紧张，尤其在其控制权转向第二代或第三代后，情况更是如此。

绝大部分规模较小的家庭基金会，问题似乎不那么严重。这些基金会，资产一般都在 100 万～1000 万美元之间，大都是由一个成功的医生、律师、企业主管或他们的遗孀建立起来的。

正因为这一类基金会的财富有限，它们几乎不会引起那些麻烦问题——如为了选择谁当捐赠者的接班人来主持他或她的殷实的家庭公司而引发的家庭内斗；被娇纵懒散的富人生活方式和价值观惯坏了的孩子们的不负责任行为；或者在捐赠者后代之间争夺对基金会主要财产控制权的法律或私人纠纷。

事实上，就最大量的这类小型家庭基金会来说，捐赠者大多是由于退休而感到机能和精神不适，想捐些钱给家庭所钟爱、熟悉的当地公益机构。家庭成员都是出于责任心，参加偶尔举行的简短董事会议，把捐款分发出去。这些基金会，往往是由家庭律师主持管理工作，并保存档案，有些是由安排投资事宜的银行信贷人员负责这些工作。

在一般情况下，只要捐赠者本人还活着，事情的进展就比较安稳。他的妻子或孩子参与程度的深浅，往往视他的做事风格而定。一旦他去世了，就由他的遗孀或家庭律师来召集会议，散发捐款。但是，日子久了，渐渐孩子们会分散到不同的新地方去，他们的小家庭和自身的活动会占据他们的身心。于是，家庭基金会对他们来说，就变得微不足道了——如果还不成为负担的话。对于孙子一辈来说，就更不会太上心了。

随着岁月的流逝，连捐赠者本人也可能都成了模糊的记忆；基金会如果还存在的话,主要是靠律师行或银行的卷宗来运作。如今,还有成百上千这样的基金会残存着。

第二类家庭基金会较为麻烦然而却重要,它们大多由企业家们创建。企业家们由于成功地建立了一桩家庭生意——不是指街角的杂货铺或成衣店,也不是大型的上市股份公司,而是赢利的、实实在在的家族企业——积累了相当的财富。这样的公司,是美国经济中的重要因素,是家庭财富的重要源泉。就公益事业而言,它们可能是资产在2500万~1亿美元这一档次的大多数基金会的资源所在。

从历史上看,由于税务法存在的大漏洞,家庭公司和家庭基金会是互相联结的。捐赠者们可以把家庭公司的所有权转让给他们所创建的基金会,享受全面的免税优惠,而且任命他们自己和家庭其他成员为董事。此后,他们就可以安排让基金会只从它的公司股份得到少量收入,甚至没有收入——这样一来,其公益事业就收益甚少或全无收益。

1969年美国财政部调查研究了1300个这类基金会之后发现,股份集中在家庭公司的基金会所呈报的收益率,要比持有各种其他股份的基金会平均低50%;而股份集中在捐赠者个人公司的基金会,则有将近一半呈报说没有任何收益。且不说公益事业所受的损失,仅由于公司和基金会如此紧密的联结,使基金会自然而然地成了争夺家庭企业控制权的战场,必然严重影响它的效能。直到1969年出台的税制改革法案,才纠正了这种弊病,排除了中型家庭基金会内斗和受害的一个重要根源。

现在,一般家庭公司与家庭基金会的关系已经大大改变了,但仍然相当牢固,这主要是因为公司的创建人绝大多数也是基金会的创建人。从对家庭公司越来越多的研究中可以看出,这些企业家在决定自己是否从公司退休、何时退休,以及选择接班人的问题上,面临着心理上和感情上的矛盾煎熬。由于他们有着既想放手不管而又不能不管的强烈感情矛盾,历来约有四分之三的家庭公司没有解决好接班人的问题。在创建人退休或去世之后，公司不是被转手，就是被变卖。麻省理工学院教授彼得·森奇（Peter Senge），一个深谙这方面事务的著名专家，就曾经说过："少数公司甚至只能活到人的一半年龄——大多数不到40年就垮了。"

在这类局面中，我们可以发现，如果这个公司创建人——大多数是父亲——选择了接班人，他必须面对失去自己权力（也就是他的身份）的痛苦现实；如果他不只有一个孩子，特别是如果有两个或更多的儿子，他作出的选择就可能导致深刻的、无休止的怨恨。此外，如果他已不再需要操心过问自己一生孜孜以求并获得成就的事业，具体说就是他所创建并领导的公司，那他就得决定自己还能做点什么。

不管他能否解决好继承的问题并确保他的公司持续发展，思想灵活的公司创建人多半会建立一个家庭型的基金会——也许作为他的遗产安排的一部分，也许作为他发泄精力的另一个途径，也许作为他为自己所倾心的事业服务的另一种方式。但是，所有的血缘联系与家庭亲情，各种留名后世的强烈愿望，这时都将涌现出来，使他的决定混合着复杂的感情色彩。

如果这个家庭基金建立的时候他还活着，而且很健康，他可能会把自己在管理公司时所表现的优缺点一起带进来：如经常让一些亲信来左右有关捐赠及其他方面的决定；在董事会上不是一边倒就是个人专断；或者与他指定参加董事会的其他家庭成员之间关系复杂。

在将来，当越来越多的妇女逐渐成为企业家、高级企业主管或主要投资家时，她们也许还会表现出男性居统治地位的这一代捐赠者们的优缺点，也许不会。只要捐赠者还活着，家庭基金会的董事会通常显得软弱和被动。他或她一旦死去，如果其配偶接着主持工作，也许还能保持相对的平静。但是，当第二代最终接手，矛盾就会浮现甚至爆发。即使在关系很融洽的家庭中，兄弟姐妹彼此之间也会激烈竞争。

作为家庭企业的董事会成员，他们也许会不断调停或抑制他们的分歧，以把经营危机降至最低。但是，同一个人，在作为家庭基金会的董事时，就往往热衷于争论而无所顾忌了——也许是由于关于捐赠的问题涉及价值标准，比较个人化；也许是由于把家庭纷争局限在基金会的范围内，即使个人恩怨得以发泄，也不会危及他们的财富。一个为家庭基金会的分裂所苦的董事分析说："这种家庭里的麻烦就在于，每个人都花得起钱去请自己的律师和心理医生。"

对于这种行为模式，人们已经进行了相当深入的探讨，其中领先的研究中心之一是旧金山的惠特曼研究所。它曾公布一份清单，列举这方面可能或已经出现的矛盾及其潜在原因：

在手足之间、两代人之间、家庭分支或家庭派系之间的权力斗争；

老一辈不愿或勉强地把驾驭权移交给小一辈；

长期存在的创伤、妒忌与仇恨——说出来的或没说出来的——所造成的相互间缺乏信任与尊敬；

偏向某个人、某个家庭分支或某个心爱项目的暗藏动机；

在选择赞助项目时表现出来的价值观、哲学观和政治上的冲突；

处事的不同风格和方式；

性别之间的矛盾。

这些问题的出现是如此广泛而频繁，以致慈善基金会领域内已采取了一些行动，试图去缓解它们，并根除其产生的原因。

一种做法是简单地加强各个家庭基金会之间的联系，让它们互相交流经验，探讨改进的方法。公益事业的主流组织基金会理事会已以此为目的推广了一个家庭基金会成员之间聚会的庞大计划。一个较小而且略为保守的机构慈善圆桌会议也在成员中推行了类似的活动。

另一种做法是半精神治疗性的——它向家庭成员提供咨询,使他们对自己的动机和冲突有较好的认识,并了解关系紧张的根源。为此也办起了许多规模虽小但不断发展的图书馆,提供专为捐赠者及富裕家庭的成员所写的自我教育的书刊。这些文章对怎样避免问题产生、怎样缓和矛盾的破坏性后果等提出建议。

现在还出现了一种新的职业:为拥有基金会的富裕家庭提供咨询的专业顾问。他们帮助这些家庭增强相互的交流和合作,提供个人的心理辅导。除此以外,信托银行和投资公司也开始提出一项特别计划,吸引富有的家庭把他们基金会的资金委托给这些机构管理。他们组织这些家庭成员见面,讨论他们共同感兴趣的问题——如保证董事会贯彻捐赠者的意愿、让第三或第四代人加入董事会等——还安排他们听取成效良好的家庭基金会成员的现身说法。不用说,在这些讨论中少不了要谈如何切实管好基金会财产的重要议题。

如此种种让人精神为之一振。一篇出自信托银行的文章是这样写的:"家庭公益事业逐渐变得合法且崇高,它把血缘的偶合关系提升到公民参与和责任感的更高境界;使通常自我局限的个人向关怀社会的广阔天地开放……当一个家庭在慈善事业的投资管理得当时,这个家庭可以因有更高的目标和共同的努力而产生内聚力。从公众利益的角度去评估他们的需要、审定捐赠方案的过程是一种难得的经验,极富教育意义,有助于在家庭成员之间建立牢固的联系。"

另一篇文章写道:"家庭公益事业为个人和家庭提供了无与伦比的机会,去好好地做成一件事……家庭基金会不断集中的财富改变了公益机构的影响和责任,以及与政府之间的平衡关系,使个人有机会去直接地、也更为有效地去影响变革。"

这些鼓舞人心的言论值得认真对待,但是它们也回避了目前许多家庭基金会中出现的严重分裂问题,甚至困局。

　　想要缓解家庭基金会中出现的问题而所做的各种努力的成效如何尚不可知；这一切也许只是为有的家庭制造了一种不切实际的幻想。不能否认的是，随着财富的日益增长，家庭内部分裂的趋势也将变得更加激烈和紧张。结果是在家族的企业出让或变卖以后，相当多的家庭基金会就成了兄弟姐妹和他们的配偶之间，或之后他们的侄甥辈之间竞争冲突的场所。

　　下一章中将要叙述的柯比（Kirby）、卡夫里茨（Cafritz）、朔伊尔（Scheuer），以及克尔（Kerr）基金会，就是这方面的例子。

第十二章

财富的腐化效应

家庭基金会通常会成为争夺家产（包括创造这些财产的家庭企业）控制权的战场，揭示出了美国财富的一个社会学方面的问题。进一步看，基金会更常常是为个人恩怨感情而非权力财富而殊死搏斗的舞台，这又揭示了与美国财富相关的一个精神生理学方面的问题。

从长远看，对大型的家庭基金会危害最大的就是财富的腐化效应。它对富裕家庭的后代带来的明显影响包括离婚、酗酒、吸毒、心理问题和个人不负责任的态度等。这是由于继承不劳而获的财富所造成的。

下面的四个例子都是家产殷实、已传到第二代或第三代的基金会。

F. M. 柯比基金会

新泽西州的 F. M. 柯比基金会有 2 亿美元的资产，它是由 F. W. 伍尔沃思（F. W. Woolworth）公司的合伙创办人弗雷德·摩根·柯比（Fred Morgan Kirby）创建的，他早年开办"一元超市"廉价连锁店赚了大钱。他过世以后，他的儿子艾伦·普赖斯·柯比（Allan Price Kirby）继任基金会的主席。后来，艾伦自己在实业上也颇有建树，他主控了一家规模不小的铁路股份公司——阿勒格尼公司。

艾伦有四个孩子，两男两女。当他1973年去世时，在他留下的唯一一封有关继承权的信中，提到他希望他身后"世世代代"都要继续他的基金会工作。在不很明朗的情况下，由他的长子弗雷德接手了家庭基金会和阿勒格尼公司的掌控权。这个公司的大部分股票都在家庭成员的手中。之后，在弗雷德的精明领导下，公司业务兴隆，终于发展成了一个重要的金融服务公司。由于股票的价值稳定上升，家庭成员对他独揽大权的不满不太显露。但是在基金会的董事会里，紧张关系一直存在。弗雷德是董事会主席，他的兄弟和两个姐妹都是董事。敌意不时爆发，有时演变成有关弗雷德职位的激烈争吵。

1986年春，弗雷德写信通知其他董事，他已自行任命他的妻子和子女为董事会成员，因为根据章程规定，他有全权决定董事任命。当其他人提出抗议时，他索性撤销了兄妹们的董事职务。这引起了家族中难解的冤仇和长年的诉讼，最后这场纷争蔓延到了有亿万资产的阿勒格尼公司，成为争夺它的控制权斗争的一部分。

基金会变得半死不活。新泽西州的检察长提出起诉，以基金会和阿勒格尼公司之间的自相授受和股票交易为部分依据，要求法院出面指定一批独立的董事。最后，案子提交到最高法院。1990年，高院判决弗雷德的做法符合基金会的章程，现在他完全控制了局面。

对起诉者唯一的慰藉是法院的一则说明："考虑到弗雷德和柯比家原告之间的血缘关系，也考虑到原告多年来在基金会的服务，可以认为弗雷德的做法缺乏周全考虑，以及对家庭的忠诚……但只要他的行为没有对基金会造成危害，弗雷德的地位使他有权因任何理由或无需理由便将他的同胞兄妹排除在外。"

卡夫里茨基金会

华盛顿特区的卡夫里茨基金会是 1962 年由莫里斯·卡夫里茨（Morris Cafritz)创建的。他是一名俄国移民,在美国首都成为富有的地产开发商。在 40 岁时,他娶了一个 19 岁的美籍匈牙利美女,在 20 世纪四五十年代她是华盛顿社交界的著名女主人。一位社会专栏作家形容说:"他自己平淡实在,俭朴节省,平民本色,而这位黝黑美人却光芒耀眼,活泼多变,充满社交野心。"

卡夫里茨建立基金会,是为了要帮助不同的社区组织和犹太联合募捐协会。不久他就去世了,留下了哥伦比亚特区迄今的最大一笔遗产。他把其中一半给了基金会,而余下的大部分给了他的妻子格温德琳(Gwendolyn)。

格温德琳控制了基金会以后,就逐渐把捐赠的重点转向情趣高尚的文化项目,如拯救意大利歌剧的委员会、华盛顿歌剧协会、科科伦美术馆之类。

莫里斯和格温德琳有三个儿子,如今都是富有的商人,他们和母亲都相处得不好。在莫里斯去世后,格温德琳酗酒越来越厉害,到了 20 世纪 70 年代,她已经几近与外界隔绝。1988 年她去世时,在最后的遗嘱中把 1.4 亿美元遗产都给了基金会,没有给儿子留下一分钱。不过她规定他们中的一个,卡尔文(Calvin),应当加入基金会董事会。

其他两个儿子随即上诉要推翻这个遗嘱,理由是母亲在写遗嘱时已神志不清。估计他们的动机并不是为了钱,因为他们两人都已相当富有。据悉其中一个是想掌握基金会所持的大量公司股票,从而取得对他父亲建立的商业帝国的控制权。

而另一个儿子老三和一位在艺术界与自由派政治圈影响很大的黑种女人结了婚。(他们的女儿朱莉娅组织了一个名为 Pussy Galore 的摇滚乐队,被描述为继 Teen Age Jesus and The Jerks 之后最乖戾刺目的乐队。乐队演唱的大部分歌名都

不堪入耳，以至于主流媒体鲜少评论。其中有一支歌名甚至肯定要激怒女孩的祖父：你看上去像个犹太佬。）

有一种推测认为：这第三个儿子的目的是要用卡夫里茨基金来支持他妻子毕生从事的斗争——将艺术从华盛顿的上层白人手中夺过来。其实远在诉讼开始以前，这个家庭的关系就一直不和谐。直到官司结束，仍然毫无任何缓和迹象。毫无疑问，母亲在遗嘱中排斥另外两个儿子的做法，导致了这场纷争的爆发。

在这种情况下，基金会也就成了分崩离析的家庭成员争执不休的场所。它不能调和、解决矛盾，反而成为牺牲品。

朔伊尔家庭基金会

纽约的 S. H. 和海伦·朔伊尔（S. H. and Helen Scheuer）家庭基金会是美国最大的 200 家基金会之一。40 多年来，它有着大量捐赠的记录，主要是支持犹太人的事务。

基金会的创建人西蒙·朔伊尔（Simon Scheuer）是德国犹太人的后裔，他在 19 世纪移民美国并发了小财。西（Si）——人们这样叫他，是位精明的投资者，尤其在房地产方面。到了 20 世纪 40 年代后期他已积累了大量财富，就在那时成立了家庭基金会。

西和他的妻子海伦有五个孩子，四子一女；他们在富有文化但非常奢侈的环境中长大。但父母经常告诫他们有义务去帮助那些较为不幸的人们。夏天他们经常到田纳西州的山区或墨西哥去，在那里做些有益于社会的工作。

这些孩子之间关系亲密，就像他家的一位友人所说："如果你和其中一个交往，你就是在和他们全体交往。他们彼此相爱，互相支持。"

海伦是如此专注于她的家务和孩子们身上，以至于朋友们常常感到她几乎与世隔绝。晚年她最引以为荣的私藏是一支精巧的手链，上面镌刻着她的 22 个孙辈的名字缩写和出生日期。她的子女个个都事业有成,有一位获奖的电影制片人,一位作家和电视工作者,一位心理治疗医生,一位国会议员,还有一位成功的企业家。这个家族的声望堪称犹太人中的肯尼迪或洛克菲勒家族。

但是,这个"铁桶王国"也有致命的缺憾,那就是父亲的个性。西是个难以相处的人,他脾气暴躁,专横跋扈,想要操纵一切,有个儿子说他"总是荒唐地要和自己的儿子竞争"。当他的一个儿子詹姆斯头一次竞选国会议员时,许多人都表示支持,包括第一夫人埃莉诺·罗斯福和国务卿 W. 埃夫里尔·哈里曼(W. Averell Harriman),但是这位父亲却公开称他是"没出息的家伙",并且出钱支持他的对手竞选。

至于基金会,西曾经写明:除了他的妻子外,不应委托任何他的直系亲属来掌握基金会的方向。他去世时,留给女儿的钱要比给几个儿子的多得多,这就引发了矛盾和嫉妒。

西死后的许多年,当海伦还在世时,这个家庭仍能在一起度假,一起出国旅游,一起欢度犹太人的节日;但是裂痕已经出现,只有女儿和一个儿子被基金会的非家族成员选入了董事会。1980 年,其他兄弟提议他们都应当加入董事会,但是建议没有被接受,反而把女婿选了进去。这当然无助于平息被排斥在外的兄弟们的怨气,情绪开始升温,这时朔伊尔家的兄弟们做了一件不寻常的事,他们一起去参加一个家庭咨询项目,不过也毫无成效。

1983 年,他们的母亲去世,敌对的行为爆发了。由非家族成员管理基金会财产的种种问题被提到桌面上,在非家族成员的董事们和非董事的家族成员之间政治与意识形态的尖锐分歧也日益严重。他们中有人说:"这不是关于钱的争执,这是关于如何用钱的争执。"

最后,到 1989 年年末"战争"全面爆发。被排斥在外的家庭成员立案控告董事会对基金会财产管理不善,浪费过度,并且有利益冲突的问题;三名董事还被控有强迫他人和收受贿赂的犯罪行为。

带头发动这场攻击的儿子史蒂文说："我们这样做既是为了父亲，同时也是反对他。我们为了他，是因为如果他知道他的钱被如此浪费，在天之灵也会坐立不安。我们反对他，是因为他把基金会设立成这个样子，他想要控制一切，总是要插手别人的命运。我是在和坟墓里伸出来的手斗争。"

克尔家庭基金会

罗伯特·克尔（Robert Kerr）是俄克拉荷马州一个赤贫雇农的儿子，19 世纪末出生在一个连窗户都没有的木棚里。他靠自己的天才和意志，当上了律师，后来又成为富有的油商和地主。这个人体格魁伟，言谈犀利，投身政治后就当上了本州的州长。1948 年他被选为美国参议员，很快就成为参议院最强有力的人物。他在农业和矿业政策、洪水治理、社会保险、税收政策以及太空计划方面的影响特别巨大。

1952 年克尔参加竞逐民主党总统候选人提名，但他未能改变他那种乡下人、代表特殊利益的政治家的形象，结果失败了。此后他专注于俄克拉荷马州和自己本人的商务，不再操心国家大事。1963 年年初他突然过早地去世，还没有来得及对他的巨额财产作出安排。

就在这一年，他的遗孀格蕾雷丝（Grayce Kerr）遵照家庭老友和生意伙伴、在肯尼迪治下曾主持过国家航空航天局的华盛顿名人詹姆斯·韦布（James Webb）的建议，成立了克尔基金会。开创时基金有 1400 万美元，专门面向俄克拉荷马州的问题，尤其关注农场和牧场的需要。它赞助了一项特别的农业示范计划，后来又创建了一项经济研究项目来帮助规划这个州的未来社会与经济发展蓝图。

在形式上这是一个家庭基金会，格蕾丝和克尔的四个孩子及他们的配偶被指定为终身董事。韦布要求基金会最终应该成为一个公共机构，大多数董事不应该是家庭成员,因而在董事会中增加了几位有任期的非家庭成员,他们都是身份很高的人物。这样,基金会架构得相当完善,其所针对的广泛而重要的目标也符合捐赠者的意愿。在头 20 年中,一切如常进行。

但太多的钱、手足之间的竞争、逐渐分道扬镳的兴趣、离异和再婚,以及财富往往会带来的瘾癖、行为失常和不负责任等,这些常见的隐忧不久就产生了毁灭性的作用。孩子们一向被呵护娇惯,不愿成长独立。参议员是个自己说了算的人,直到他去世以前,所有的家庭事务都由他大权独揽。有个亲近的朋友说:"连旅行时在飞机上谁坐哪个座位都要由他指定。"他没有期望孩子们去认真创立自己的事业,事实上他们也都没有什么事业,甚至都没有在家族的公司中担任一官半职。其孙辈中也鲜少有人读完大学,或者任过薪职。

离婚则成了流行病。而且在某种程度上,由于原先的设计,它成了引发基金会崩溃的原因。老二布林(Breene)在头 14 年中担任基金会主席,他设法维持了家庭内部差强人意的合作,之后离任了一段时间。他不在任时,基金会发生了重大的变化。按韦布长期以来的倡议,基金会应演变成一种公共机构,于是一位非家庭成员被任命为了主席,此外还聘请了一位新总裁,他很快就着手对项目作重大的改革。

布林离了婚又再结婚,然后恢复了在董事会管事的地位。此刻参议员有三个孩子都是新婚,配偶都想参加董事会。当时,一些家庭成员已经对家族在基金会中影响减弱表示出明显的不满。作为对这种情绪的反映,三个孩子的配偶全都被选进了董事会。这样,基金会向公共机构转变的改革趋势又被扭转回来了。

1982—1985 年间,克尔基金会仍然作为一个整体运行,但是家庭内部的紧张和摩擦日益增加。董事们逐渐意识到,他们的志趣越来越有分歧,有些人已不愿再专注于俄克拉荷马州。董事会最后作出结论:这个基金会已不可能,也不愿意再作为单一的家庭单位来活动了。

于是在家庭律师的帮助下，他们达成协议，把基金会分成同等的四份。在1986年年初，经国税局认可，四个基金会正式成立。由凯·克尔·阿代尔（Kay Kerr Adair）主持的克尔可持续发展农业中心继续着由参议员开创的一些农业和环保项目。其他三个儿子各自领导一个机构：克尔基金会有限公司、罗伯特·和格蕾丝·克尔基金会，以及格蕾丝·克尔基金会有限公司。它们全都在教育、文化与社会服务等相近的领域活动。

这些独立的赠款机构都有自己的办公室和专职人员，董事成员也不相重叠。这次重构的明显效果就是结束了家庭在公益事业方面的斗争。现在，这四个基金会的运作不再有严重的内部紧张关系的干扰，而且呈现出一种新气象。一旦摆脱了在一个家庭框架下"被迫合作"的压力，家庭成员之间的关系就得到改善，甚至在各个基金会之间还有过几次合作捐赠的项目。

不过，基金会中紧张关系的消除并不等于解决了家庭成员深层次的个人问题。用一个旁观者的话来说，新的挑战在于"如何教导这些在现实生活中也还不会负责的柯尔家的年轻人，成为一个负责任的基金会成员"。

克尔基金会是用"外科"手术来处理交流和协商都已无法解决的家庭公益事业中问题的一个范例。与以前的混乱和僵持的局面相对照，这种解决办法既符合公众的利益，又有利于家庭的和解。

每一个家庭基金会都可能面临内讧的局面。这时它的成员们应该认识到，分散开来各行其是，要比无尽无休的争执要好。德克萨斯州达拉斯备受尊重的梅多斯基金会的负责人小柯蒂斯·梅多斯（Curtis Meadows Jr.）总是用《圣经·旧约·创世纪》第十三节中亚伯兰和罗得的故事来提醒自己：

亚伯兰的金、银、牲畜极多……与亚伯兰同行的罗得也有牛群、羊群、帐篷。那地方容不下他们，因为他们的财物甚多，使他们不能同居。……亚伯兰的牧人和罗得的牧人相争。亚伯兰就对罗得说,你我不可相争,你的牧人和我的牧人也不可相争,因为我们是骨肉。遍地不都在你眼前吗?请你离开我,你向左,我就向右。你向右,我就向左……于是罗得选择的是整个约旦河流域,往东迁移。他们就彼此分离了。亚伯兰住在迦南地,罗得住在河谷的城邑。

梅多斯在书桌上还放了不那么著名的罗斯·佩罗(Ross Perot)的警句:"每一件美好和优秀的事物都时时处在危险的边缘,需要为之而战。"

对于大多数美国家庭基金会来说,《圣经》和佩罗的智慧都是值得铭记的。也应该记住,确有少数家庭基金会在相当长的时间内——即两至三代人之久——一直保持着祥和平稳,卓有成效。其中一个例子就是 1953 年成立于北卡罗来纳州的玛丽·雷诺兹·巴布科克基金会。它的历史和运作方法很有指导性和激励性,使人看到那些危及家庭基金会的一些风险也是可以驾驭的。

玛丽·雷诺兹·巴布科克基金会

玛丽·雷诺兹·巴布科克是最早也是最成功的烟草大王 R.J.雷诺兹的女儿之一。雷诺兹夫妇都热心善事,他们留下了持久不衰的行善传统。据统计,这个家族的几个分支现在已建立了 11 个基金会,迄今为止已在南、北卡罗来纳和南方几个州中发放了 5 亿美元以上的捐款。

玛丽在临终时创建了以她的名字命名的基金会。在信托契约中她阐述了基金会的总目标是"改善世界各地人类的生存状况",并给予董事会在推行这个宗旨时判断和行事的充分自由。董事会随后决定把重点放在美国东南部,着眼于教育和艺术方面。

董事会是由家庭成员和非家庭成员组成的,从最初就树立了任命在公益事业中富有经验的杰出人才为非家庭成员董事的做法,并一直延续下去。董事之一,已过世的基金会事务专家保罗·伊尔维萨克(Paul Ylvisaker)认为这个措施非常重要,在他看来:"在家庭餐桌上有外人入席,每个人都会举止更加检点。"

初期十分活跃的一位董事是捐赠者的女儿凯蒂·芒卡斯尔(Katy Mountcastle)。在她主持之下,明确制订了对基金会运作很有益的一些原则:

首先,赞助的项目必须由基金会董事会全体决定。个人或家庭偏爱的项目要尽量减少。

其次,在决定资助项目时,董事会要全面参与。董事们要到现场访问、向董事会全体成员汇报他们的观察和判断,作为最后决定的依据。由基金会全体参与捐赠决策的过程事实上形成了一个平等中立的平台,使家庭或非家庭成员感到每个人都有责任,也都能发挥作用。

最后,指定家庭成员以外的人担任得力的行政总监。这项措施也加强了作捐赠决策时互相合作和独立判断的原则。

还有一个外部因素也可能对基金会产生了良好的影响,即雷诺兹烟草公司从家庭生意发展为大型的上市公司时,早就开始任命非家庭成员担任领导职务。就基金会而言,这样的做法也消除了家庭董事会最易引起摩擦分裂的原因之一,即互相对家庭所属公司控制权的争夺。

就是以上这些可以找出的原因使得玛丽·雷诺兹·巴布科克基金会能在过去 40 年中保持着独一无二的纪录和良好的名声。不过还有两个无形的因素也在起作用。

第一,捐赠者出身于一个有着公益事业的长期经验和献身精神的家庭。从最初起,她为基金会运作所制定的政策就不是外行或肤浅的。

第二个有助于基金会的持续性和有效性的因素更加不易觉察,我们也许可以称之为(南-北)卡罗来纳州人的"慈善气质"。杜克(Duke)家族、凯南家族及其他这一地区的著名慈善家们都是例证。总体来说,这些慈善家看起来避免了其他地区——德克萨斯、加利福尼亚、中西部一些州——部分基金会创立者的一些坏习气。

当然，这纯粹是推断。可在某些基金会的命运和表现中，的确有许多神秘或纯属偶然的因素在起作用，而类似地区性的精神气质的影响虽然不易捉摸，但还是不应排除在外。

最后要补充一点，在这个基金会和许多其他基金会的健全运作中长期起着重要作用的保罗·伊尔维萨克始终认为：大约50％的家庭基金会在一两代人期间就可能陷入严重问题，而第三代以后这些问题将急剧增加。他在去世前不久曾预言：每一个美国的家庭型基金在100年内都会垮台或面临灾难性的困境。这就引出了下面关于社区基金会及其潜力的话题。

第十三章

社区基金会，一项重大的创造

　　富有的美国人想要建立家庭基金会的普遍热情反映了这个国家的行善精神，可以理解，也令人钦佩；据统计，全美国的基金会中有 75％属于这种类型。然而，这么多的此类基金会因家庭不和而分裂，或者在两三代人期间因疏于管理而衰败，业已形成全国性的严重问题。

　　咨询、调解、拆散重组，都只能解决部分问题。当争执和分歧已无法调和时，另一个被广泛采取的方法，就是简单地把基金会的现有资产转为一笔或几笔捐款，赠送给一些非营利机构，如大学、医院，然后关闭基金会。不过，对传统的家庭基金会来说还有另一个选择：越来越多的基金会把资产转入"社区基金会"。事实上，这已成为公益事业中一个重要的全国性发展趋势，具有非凡的潜力。

　　在美国公益事业历史上曾有过几次重大而意外的突破和整顿——从 20 世纪初期大型专业化发放赠款的基金会的创立，到 60 年代帕特曼发起的改革。不过有关家庭基金会的最有价值的创造，莫过于 20 世纪早期出现的社区基金会了。

　　它的发明人弗雷德里克·戈夫（Frederick Goff）是俄亥俄州克利夫兰的一位

著名律师和公民领袖。他针对私人慈善信托机构资产呆滞的状况，找到了一种法律手段，去解除那些"死者之手"对这些已长期不起作用的信托金的控制。具有代表性的一个例子是在 19 世纪初为了帮助有前途的学徒们而设立的本·富兰克林（Ben Franklin）基金。到 19 世纪末，美国经济生活中学徒阶层已经大都消失，这项基金成了多余，但是按照通常的法律手续，要去修改变更原来的信托金，是十分费时费力的，不管这些基金已经多么不合时宜。

戈夫日夜思考着这些由于所谓的"死手规则"而被置之不用的以亿万计的社会资金。为了找到使这些资金重新用于有益目的的方法，他与在全国各地城市中碰到的几乎每一位银行家、律师、公务员和商人讨论。

他最后的解决方案既简单又合理，即建立一种新型的基金会，由信托银行和一批负责的公民领袖共同来指导管理。它可以统一掌管许多不同的慈善基金。当捐赠人把赠款交给基金会时，他们应同意如下条件：只要他们提出的慈善目标不是过时或有害的，就会得到尊重；但是基金会的主管们可以根据情况的变化修正目标，而无需诉诸法庭。

总之，戈夫所构想的是一种新型的基金会，由地方上的知名人士领导，有权接受捐款，并适时修正信托金的目标，必要时可把基金用于新的更适宜的目的。转入基金的投资金额，交给一个或数个主要的地方银行来管理。而分配这些资金的收入的权力则应该交给一个由当地的知名人士组成的发放赞助委员会，成员应由地方的领袖，如州或联邦的法官、大学校长、地方医疗机构的领导人等指定。计划中的另外一个重点是每年度公开的赠款报告和财政稽查。

在设计了社区基金会的概念之后，戈夫在克利夫兰建立了一个工作模型。1914 年这个基金会开始启动，并显示出勃勃生机。之后，戈夫不知疲倦地到全国各地推广他的"克利夫兰计划"。仅在 1915 年，即克利夫兰社区基金会创建 1 年之后，就有 8 个新的社区基金会成立起来。

社区基金会的模式逐渐传播到其他城市，对一些新的中小捐赠者特别有吸引力。它向他们提供了符合他们的利益与要求的服务：一个优良的董事会、一套能干的专业班子，以及对资金可信赖的管理。特别重要的是，最初的目标可以随着情况变化的需要而随时调整。

这种模式被接受了，如今已有大约350个社区基金会，分布全国各地，总资产达90亿美元，来自1.8万笔个人或家庭的捐赠。实际上，这一模式的传播已经远远超出了戈夫的期望。社区基金会的作用也远不只是戈夫当年的初衷——仅仅为了把那些僵化的私人信托资金从"死者之手"的控制下解脱出来。

人们开始渐渐理解促使社区基金会迅猛发展的动力所在。

其一，是它作为一种家庭公益事业形式的简易方便。所有建立一个新的独立基金会所需要的法律、行政和财务安排都被简化了。在这种吸引人的一次完成的交易中，你得到的是已经在运行的一个现成机构。与此同时，你仍然可以取得给予普通慈善捐赠同样的税务优惠。

其二，基金所托付的机构是稳定而安全的。董事会的成员都很有地位；长期以来各地方社区基金会发放赠款的记录和名声良好；而且地方社区基金会又是组成强大的全国性运动的一部分。所有这些事实，对那些正在寻求一个可信可靠的机构来接受他们捐赠的慈善资金的家庭成员来说，当然极富吸引力。

其三，在社区基金会运动中一再保证的是基金会的投资将由地方的主要银行来掌管。这更使人感到这种机构是体面可信、得力持久的。任何家庭要决定把他们财富的一部分永远移交出来时，这些都是重要的心理考虑因素。

其四，是地方社区基金会职员有目共睹的能力和在社区里良好的口碑。不像大型的全国性基金会的活动很少让身处各地的公众充分了解，社区基金会总是处于本地公众的众目睽睽之下。这也是一个非常重要的影响操守与反馈的过程。

渐渐地也为捐赠者演化出更多不同的选择：永久性或非永久性的基金、专为有兴趣的领域而设的基金、捐赠者建议基金等。它们都反映了不同捐赠者的利益，从而增加了社区基金会对越来越多的大家庭在作决定时的吸引力。

对于潜在的捐赠者，戈夫的主意还有一些强有力但不易觉察的引人之处：在社区基金会中建立一项署名的家庭基金，可以得到人们尊重，以示纪念。社区基金会是以社区为基础的，仰仗的便是一个家庭对自己生根的故土的认同和热爱这一非常重要的心理因素。

作为一种交换，捐赠者要让出他们对给予社区基金会的赠款的一切所有权和控制权，这可能使有的人望而却步。但另一方面，根据戈夫原先天才般的构想，捐赠者参加社区基金会又等于买到了无价之宝：机构的声望、持久和稳固、专业的能力和责任等。

戈夫最初的计划也在逐渐完善，使它的优点和吸引力进一步增强。现在基金可以捐给指定的目的，可以标以捐赠者家庭的名字，以满足出名和留念的要求。最近，"捐赠者建议基金"让捐赠者个人和家庭有机会为他们提供的基金的分发充当顾问的角色，因此也能获得参与赠款分配过程的满足感。

当然，社区基金会不可能适应每一个捐赠者家庭的所有要求，但是它能满足大多数家庭的需要，这也是为什么这场运动能一直迅速发展的原因。

由于社区基金会的成功，产生了一系列的派生物，它们也发展得很快。这包括专注于某个种族或宗教的类似的集体慈善创举。例如，犹太联合募捐协会——犹太人公益事业的联合机构就开展了一些重要的此类项目。

同样，现在新的妇女基金会也如雨后春笋般发展迅速，情况类似的还有一批专门关注于某一特定问题——环境问题、儿童问题、教育改革问题等——的集群式基金会。所有这些机构为捐赠者提供了同样的好处：全数免税、简单易行、直接进入一个从事捐赠者有兴趣的领域项目的富有经验的非营利组织。

传统的家庭基金会虽然有许多可能出现的问题和不便，从统计上看，大多数富有的美国家庭还是以它为行善手段的首选。不过,社区基金会及其派生机构现在已愈来愈得到这些捐赠者的喜爱。它的众多社会效益之一,是为美国人口中相当大的一部分打开了广泛参与国家公益事业传统的大门。这部分人占全国人口的 20%～25%,仅排列于 5%的最富裕阶层之下。这项对美国慈善事业民主化的重大贡献填补了在千百万普通的行善者和独立的基金会创建者之间的空白。

但是,就长远来看,社区基金会是不是能够为这么多日益紧张、最终将自我毁灭的家庭型基金会提出解决的办法和找到出路呢? 这是一个很复杂和困难的问题。因为它涉及在财富掌控、转移、继承过程中心理和感情因素这一广阔而又神秘的领域,以及不劳而获的财富对人们和家庭所造成的影响。

不知为何,当一个家庭的成员直接和全面地控制了他们的家庭型基金会时,各种情绪滋生,分歧会出现,人际关系中的昔日旧创就会复发。基金会成不了治疗创伤的合作场所,而只会是激烈倾轧和殊死斗争的战场。但在另一方面,由社区基金会管理的捐赠者建议基金一般就不会出现这种情况。

那么,为什么对有些家庭成员来说,把自己所继承的财产的最终控制权交给社区基金会会让他如此心痛? 一旦作出了这样的捐赠,为什么专业人员的插手和一个较大规模的机构对这笔钱的控制常常会使家庭的不睦缓和下来? 是不是这些中立、干练、无威胁性的人们在场,能抑制家庭间的对抗和矛盾爆发? 是不是真的不好意思当着陌生人的面争斗? 又或者,把所继承的财产的最终控制权交给社区基金会,是不是使权力游戏和争夺控制权的内讧变得没有意义了?

不管是什么力量在起作用,结果激励着我们。家庭参与社区基金会发放赠款的决策过程创造了比较和谐的家庭行为模式。考虑到数目可观的家庭基金会和它们日益严重的问题,社区和同类集群的基金会的不断增长和多样化应当被看作是一个重要和鼓舞人心的进展。

INSIDE AMERICAN
PHILANTHROPY

06

企业家的公益事业

第十四章

有理想与影响巨大的基金会

在美国公益事业的传奇中,有过不同类型,聪明的、有决心的、获得巨大成功的捐赠者(男女都有);有过失败和近乎失败;有过许多家庭基金会(一帆风顺的和困难重重的)。而且,还有一个特殊的企业家捐赠者群——他们给公益事业带来的,不只是他们的财富,还有他们创造性的经营技巧、谈判的才华,以及他们的热情和精力。因此,他们有可能把其捐赠的影响扩大许多倍。在美国广大的企业家阶层中,他们虽然是屈指可数的几个,但他们在公益事业中代表着一种特殊的成功,那是其他许多捐赠者,甚至一些拥有巨额财富的捐赠者都渴望得到的。

劳斯和企业基金会

在詹姆斯·劳斯(James Rouse)的商业生涯中,以房地产推销方面的成就最为出色,他的劳斯公司是闻名全国的房地产开发商。一些商场、一些像纽约海港南街那样的节日市场,乃至像马里兰州、哥伦比亚那些新规划的社区,都是劳斯公司发展的基础。

　　詹姆斯·劳斯和他的妻子帕蒂(Patty)，一向热心于公益事业和教会事务。在20世纪70年代，他们参与了华盛顿特区救世主教堂所赞助的一个项目：重建这座城市里一幢破落地区年久失修的公寓楼房，然后还教那里的居民学会管理楼房，并帮助他们学习新技术，找到就业的出路。

　　这一项目的成功，坚定了劳斯夫妇的信心：在华盛顿特区能做到的事，在其他地区也应该能做到。于是，他们在1982年创建了一个企业基金会，并确定了全国性的长远目标："给所有低收入的人们以机会，去享有合适的、付得起房租的住房，进而彻底摆脱贫困，融入美国社会主流生活。"

　　几年后，詹姆斯从公司退休，但他继续整日工作，把自己完全献给了基金会的繁忙日程。作为主要的创建人，他给新的使命带来了自己多年赖以成功的资本——对社区经济、管理和法律事务等方面的发展变化了如指掌，在商业界、银行界和政府内有一张广大的朋友关系网，加上他身为企业家的雄才大略。他精力充沛地运用这些无形的财富，和他那相当可观的一部分家产，开始了劳斯的新的进军。

　　第一步，建立一个董事会，由政府、银行、公益事业以及低收入住房建筑业中最有声望、经验和影响的人士组成。其中包括：前美国国防部部长罗伯特·麦克纳马拉(Robert McNamara)，房利美公司的首脑詹姆斯·约翰逊(James Johnson)，独立部门的创建者约翰·加德纳，芝加哥河岸银行的首脑罗纳德·格列文斯基(Ronald Grzywinski)，全国低收入住房联盟的主席库欣·多尔比瑞(Cushing Dolbeare)；再加上多年来在形成国家住房政策中起过关键作用的几位前参议员和众议员。

　　借助于这个强有力的集体的指导，加之劳斯本人的才干，不到10年，这个企业基金会已成为国内一股重要的力量。它虽然尚未完全达到那雄心勃勃的全国性目标，但已有了相当可喜的成就。

　　自 1981 年以来,企业基金会在全国 153 个地区,与 500 多个由邻里及合伙人组成的地方小组协作,已经建造了 3.6 万所住宅(为 3.6 万个家庭建造了住宅)。这些地方小组,依靠贷款和捐款进行它们的项目,同时还在学习上得到帮助。由企业基金会派人教授他们如何去修缮和建造便宜的住房,如何去筹措资金并管理低收入住房建设项目,乃至如何为教育、保健、就业及技术培训这些对低收入市民生活关系重大的问题进行呼吁等。

　　截至目前,企业基金会已经集资 3200 万美元去实施它的计划。为了帮助地方小组筹款进行它们的项目,基金会还提出了不少创造性的建议,包括吸引成千上万"乐善好施的贷款人"的经验——如发动城市里富有的教友们,在自愿原则下,以低于市场的利率(常低至 2%)借款帮助它们实施建房项目等。基金会还首创了低收入建房抵押贷款,以开发利用金融市场的资源,它还帮助地方小组先后向 70 家大型股份公司贷款共约 3 亿美元。

　　为了执行特殊的任务,企业基金会还派出了许多分支机构。其中之一是全国防铅房屋建设中心,其战略目标是大大减少儿童铅中毒的现象。而由于禁止使用铅涂料抑制了房屋售价这一主要原因,一些私有的土地所有者放弃了利润不大的房产,这个中心就帮助保存了那些可住的房屋作为储备。企业基金会的另一个分支,是企业社会投资股份公司,这是为帮助非营利机构的建房项目筹措股本而建立起来的。此外还有一个分支,是与房利美合股经营的超范围建房基金,主要向规模较小以致很难吸引资金的房屋建设发展规划提供股本。

　　劳斯是个雄辩的演说家和鼓动家,他曾不知疲倦地走访全国许多城市的市政厅、市议会、州立法机关、基金会和有关社团的董事会会议室,为穷人的住房问题进行游说,尽力促使它们排上议事日程。作为国家住房专案组的副主席,他尽力发挥自己的影响,使国会在低收入住房建设立法中作出了不少必要的改变。詹姆斯和帕蒂在所有这些活动中都是珠联璧合的伙伴。一开始,在他们向低收入的邻居了解他们的迫切需要和各种细节时,也曾受到过冷遇,但他们很快就克服了困难,掌握了情况。现在,他们的企业基金会,已成为全国范围内在经济上和技术上支援那些贫困地区的重要带头人。对他们夫妇来说,他们为改善穷人生活状况而发动的改革运动,是一项惹人注目、令人振奋的新的事业。

弗雷德·布朗和监狱劳动

堪萨斯州的弗雷德·布朗(Fred Braun)是哈佛大学商学院的毕业生,在40岁时成了百万富翁。随后,他卖掉了自己的金属制品公司,开始寻找一种可以为之献身的社会公益事业。他曾在自己的家乡竞选州长,但两次都失败了。20世纪70年代初,州政府为改进一些代理机构的组织领导,成立了一个特别工作小组,州长任命布朗为小组成员,并委派他去考察刑罚制度的运作情况。他从这项工作的见闻中,发现了自己的使命——运用自己的商业技巧来帮助解决一个重大的社会问题——从此以后,他就把全部的精力和时间都献给了监狱的改革。

在初次考察监狱的过程中,布朗十分吃惊地发现,狱中的囚犯绝大多数都是几乎整天无所事事。他们既不是在制作汽车牌照,也没有在监狱农场里干活,或者按照训练计划在学习任何技能。如果说也有个把小时"忙碌",那也不过是捡捡废纸、扫扫厨房而已。其余时间都是在躺着看电视中消磨掉了。

布朗说:"我开始理解,为什么这些家伙从这里出去的时候比进来的时候在智力上、情绪上和体力上都更糟。"

他由此认定,在监狱附近开设一个新型的公司是十分必要的。可以用大轿车把囚犯们拉去上班,在那里各有一份真正的工作,从早到晚和普通人肩并肩地干活,也挣一些钱,培养一点自尊。这样,当他们刑满释放时,就能在社会上得到一定的位置,像正常人一样发挥作用了。

他同时也认定,常规意义上的营利性公司的所有规章制度,在这里必须同样建立和执行；如果把这样的公司搞成一个变相的社会福利机构，那就不太好了。它必须让囚犯们受到实实在在的劳动锻炼，获得工作经验，以便将来能顺利适应外面的现实世界。

由于他的热情以及他的天真，布朗起初并没有意识到，他的激进的、充满幻想的主张，同历史、法律、公众的传统偏见、政府的官僚主义以及老板和职工双方的既得利益等，都是背道而驰的。在美国，很长时期以来，囚犯的劳动一直被认定为"奴隶式的、退化为犯罪的、使诚实的制造商陷入混乱、使自由劳动者沦为靠救济过活的人的一种劳动"——这是 1881 年美国劳工联合会（AFL）成立时所宣称的。直到 100 年之后，这种观念仍普遍存在，而且具体反映在 30 多个州的法律中：限制雇用囚犯劳动和出售监狱产品。

布朗起初还忽视了一个事实，这就是：由于问题复杂，风险很大，全国 4000 多个基金会（其中还有许多声称自己是富有改革精神、勇于承担风险的），竟没有任何一家采取过任何实际措施，去涉足囚犯的就业训练和最终得到雇用的问题。

由上可见，要在这方面开创一个新局面并得到支持和发展，是一个何等艰难的任务。甚至在提出它之前，就不得不去对付各种法律限制和官僚主义，去排除公众的抵制、实际的障碍以及不同的既得利益集团的反对等。

于是，布朗开始向本州各地有影响的人物进行游说，但其中许多人，最初都对他的设想持怀疑态度——如果不是反对的话。他就转而去找州里的政治领导人和劳教部门的官员谈话，开始得到一些鼓励。1979 年国会通过了一个法案，给了他更大的鼓励：法案规定，允许私人公司在一定的严格条件下雇用囚犯，并允许销售囚犯制造的货物。

他随即在堪萨斯州内展开旅行，到处讲解他的主张。从减少刑罚制度沉重的经济负担和增加国家税收、促进监狱改革等方面，反复说明其设想的潜在优势。

一步一步地，他逐渐获得了一些工商界和社区领导人的支持。他还到监狱找犯人和看守谈话，引起他们对他的主张的兴趣。他还同各种各样非营利性社会服务团体一起探讨自己的想法，也得到了他们的赞同。在这第一年的准备性磋商活动中，唯独工会的领袖们对此持否定态度。

又经过一段时间的活动后，布朗开始具体筹划建立一个私人营利性公司——具有开创性的企业有限公司。它的顾问委员会包括：堪萨斯州的一位州议员（堪萨斯妇女教养机构的总监）、州教养所黑人觉醒计划的一位创建人，以及传媒界人士、堪萨斯大学的教职员、工会代表等。

此时，在两年的顽强努力之后，布朗和他的顾问们终于能够对一系列基本问题作出决定了：应该建立或购置一个什么类型的企业？它应该开设在什么地方？需要克服哪些法律上的障碍，使私人公司雇用的囚犯也能得到就业的报酬？应该怎样调整有关监狱的规章制度，以适应公司的运作程序及其他需要？让正在服刑的人每天到监狱围墙之外劳动，这会受到社区怎样的反对，应该如何去进行化解？……

最终，布朗决定买下一家风雨飘摇的薄板厂，一方面是因为他在这个领域有成功的经营经验，另一方面也因为引进州外的公司可以减少工会领导人的忧虑（担心本州工人被犯人取代）。具体的实施方案包括：把工厂迁建在堪萨斯的莱文沃思小镇，因为这里有本州的、联邦的和军队的监狱，正适合接受这个新事物。工厂的劳动大军中，一半是囚犯，一半是市民；这虽然增加了工作的复杂性，但对于创造一个正常的劳动环境是十分必要的。犯人们每天按通常的钟点上下班，由大轿车接送，监狱看守陪同往返。他们将得到同等的工资，但要扣除80%，用来交纳税款和监狱的住房费用、养家，以及赔偿受害者的损失等；余下的钱，就可以自己存起来或消费掉。工厂对外开放，社区、工会、企业、媒体和其他方面的人都可以前来参观访问，亲自证实一下这里一切正常，没有任何违反承诺的情况。

为了这个冒险的事业，布朗不得不设法提供或筹措部分资金，然后还得亲自进行管理。在以后的岁月里，一连串不能不解决的问题接踵而来——如何营造产品的销售网、如何保持产品的高质量、如何把监狱的和生产厂家的性质完全不同的两套规章制度糅合到一起，等等。一个又一个问题被解决了或应付过去了，这个企业才立住了脚。

在最初的 10 年间，这个名为泽菲尔产品公司的冒险事业，有几年有了些利润，有几年又有了些亏损，但总体算来，还是赚了少量的钱。它雇用了 200 多名因犯，他们的工资总额为 165 万美元，其中 40％以上"还给了社会"，其余大部分给他们储蓄了起来。付给他们的工资是联邦政府规定的最低标准，即每小时 3.8 美元，外加完成任务奖。他们也全都参加了员工持股计划。

有了这第一场冒险的经验，第二个公司即希特罗有限公司，于 1985 年建立了起来，也建在莱文沃思镇，生产电热器材。在最初的 5 年中，希特罗公司雇用了 100 多个因犯，他们的工资总额为 70 万美元，其中 43％以税款和其他补偿的形式"还给了社会"。与泽菲尔产品公司一样，希特罗有限公司也是既没有要求也没有得到过政府的任何资金或补贴。

1991 年 3 月，当一张具有象征意义的百万美元支票赠送给了堪萨斯的纳税人，向他们表明这是布朗的项目所取得的成果时，一个里程碑树立起来了。

这个具有开创性的企业有限公司，同它以前雇用过的所有因犯都一直保持联系，并有他们受雇情况（出狱后）的跟踪记录。"我们了解到，从这里出去的犯人的重新犯罪率，还不到通常的一半。"布朗报告说，"他们出去后，都能有工作、有收入，也就有了信心，还能与人交际——这样待在外面自然就好了。"因犯们自己也进一步证实了布朗的这种赞赏。如有个因犯就说："这是一个机遇，使我们不再混日子，而且能为回到社会作准备。人们都是那么努力工作，来保证这个项目的实现。这个项目是为了让我们每个人好，我不想去跟它捣乱。"

在泽菲尔和希特罗两家公司已基本稳定，逐年均有收益的情况下，不久以前，布朗决定要把它们卖给能够保证其继续运作的新所有者了。他这样做,是为了把自己的注意力转向更广大的范围:鼓励和资助其他企业家去创办新的泽菲尔和希特罗,把它们的规模再翻上几番。于是,之后他创立了一个工人基金会,准备通过这个中介,向50家以上新的公司各投资20万美元,使它们能把4500名左右的囚犯雇用去全日工作。现在,犹他州一个雇用了囚犯的服装工厂,已经得到了这种资助。布朗又在爱荷华州买下了一家破产的扫雪机厂,准备也把它搬迁到莱文沃思去。还有更多的项目正在磋商中。

布朗正在开辟的道路仍然崎岖不平,但他说,只要能保持企业不亏本,不管赢不赢利,他都要把这项事业坚持下去,因为这带给他以个人的满足,这就是对他的最好报偿。他回忆说:"当初我跟我们哈佛商学院的同学谈起这件事时,他们都拿我的公司取笑我,说是无法想象我怎么会傻笨到如此地步,把钱全给扔了。但后来他们说:'弗蕾德,还是你有勇气特立独行。我们也都希望能走自己的路,作出自己的贡献,但我们已被卷入激烈的竞争中,只能去更多、更多、更多地赚钱了。'"

"能从同辈人口中听到这一点,真好!"布朗最后说,"这就是报偿"。这位热情的鼓动家,曾经单枪匹马地为一个初看起来毫无希望的事业奔走呼号,终于在一定程度上得到了社会的认同。1993年,他获得了堪萨斯城最有名望的企业界领袖颁发的"年度社会责任企业家奖"。

第十五章

杠杆作用

让一个捐赠者的慈善捐款发挥杠杆作用,去吸引更多的捐款和产生更大的影响,这实际上也是公益事业的一个传统,由来已久。许多捐赠者——个人、基金会乃至政府的捐赠机构——都用过这种办法。不过,其中有好几种不同的具体做法,有必要分别加以说明。

从历史上看,有一些预想不到的、可以称之为"带偶然性的"杠杆作用的例子。1638 年,约翰·哈佛(John Harvard)把他的一个藏书 400 余册的小图书室,连同375 英镑·遗赠给了在马萨诸塞州海湾殖民地新注册的一所大学(后以他的名字命名)。今天,这所大学成了世界上最杰出的大学之一,已拥有 5 亿美元左右的捐赠基金。

在 19 世纪后半期,利兰·斯坦福(Leland Stanford)——铁路巨头、州长和后来的参议员——成了加利福尼亚州的"第一公民"。1884 年,在他的财富和影响如日中天之时,他 16 岁的独生子不幸去世。深受打击的斯坦福参议员和他的妻子,化悲痛制订了一个计划:建立一所大学,以儿子的名字命名。1885 年,他们率先捐款 500 万美元,办成了这件事。现在,位于帕洛阿尔托的斯坦福大学,已成为同哈佛大学比肩而立、西海岸一所声望与资产都在最前列的大学了。它的捐赠基金已超过 2 亿美元。

1829 年,一个名叫詹姆斯·史密森(James Smithson)的英国人(他从未到过美国),留下 11 袋金镑硬币(当时值 50 万美元)让人转交给美国政府,要求在华盛顿特区创建一座以他的名字命名的博物院,"为了积累和传播知识"。美国国会断断续续地辩论了 10 多年,才同意接受这笔捐款。而今天,史密森博物院已成为包括 15 所重要的博物馆、9 个重要的研究中心以及公园和其他设施的庞大联合体。为了支持这一伟大事业,联邦政府现在每年给它拨款 3 亿多美元,另外还有大约同等数量的研究项目投资和个人捐赠等。

无需说明,上述任何一个捐赠者,都不可能预见到美国人口和财富的惊人增长、国家对高等教育的巨额资助,以及作为政治中心的首都也能成为国内文化、科学的中枢等。然而,所有这些必然和偶然的因素,却使得上述捐赠行为的杠杆作用爆炸性地发挥到了极致。

除了以上带有偶然性的第一种杠杆作用外,还有更多捐赠行为的杠杆作用是可以事先安排并加以说明的。所以第二种,是由捐赠的附加赠款及其所要求的条件促发的杠杆作用。在作出捐赠的同时,捐赠者要求受赠者也从其他渠道筹集资金;同捐赠者已捐的数额相比,从其他渠道筹集的资金如能达到一定比例(如 1∶1 或 2∶1 或更大比例),则受赠者可再得到相应的一笔附加赠款作为奖励。这种办法,现在在私人捐赠者和基金会以及像国家艺术基金会之类的政府机构的实践中,已经十分通行。这样给受赠机构某些"杠杆"去寻找新的捐赠,对它们自然是大有好处的。但是,如果这附加的要求太过分,或者准备受赠的机构不具备筹集资金的能力,那就会使它们进退两难,无所适从,甚至只好就此罢休了。因此,捐赠者要采用这种办法,需三思而行。

捐赠行为的第三种杠杆作用，可以称之为"策略性的"，办法是为一定的捐款规定与之匹配的条件。这些条件不只是单纯促使受赠者从其他渠道为原定项目引来更多资金，而且更是为了实现另一些重要目标。安德鲁·卡内基对他的公共图书馆的捐赠和朱丽叶斯·罗森沃尔德对南方地区学校校舍的捐赠，就是这方面的两个很好的例子。卡内基在进行捐赠时，除了要求当地社区也拿出与他捐款额不相上下的捐款外，还特别要求其承诺对他资助建设的这个图书馆持续作出实际的支持，并保证让所有市民参与其事，人人享有图书馆的所有权和使用权，并承担维护它的义务。同样的，罗森沃尔德在捐资兴建学校的过程中，在向当地社区提出相应捐款要求的同时，也特别提出了一些思想上的要求，希望其对于兴办公立学校这一思想主张的实现真正树立起责任感，并大力进行宣传。在卡内基、罗森沃尔德那个时代的公益事业中，他们的这些思想观念都是非常先进和影响巨大的。

卡内基在创建他的教师保险与年金（TIAA）协会时，也许是无意间，才发现了一个更加强有力的杠杆——企业杠杆。在 1914 年时，他的意图很单纯，就是为了给退休教师支付养老金。但他很快就意识到，这笔开支将要大大超出他的财力资源。于是，他重新制订了方案，创造了新型的教师供款的退休金和退休保险。由此产生的非营利保险公司，就是现在美国排行第五的保险公司和最大的养老金基金。它目前自立，参加者有 1400 万人，拥有的资产总额达百亿美元，使 23 万退休者长年受益。

TIAA 在推行针对全体美国人（而不只是针对教师和非营利机构员工）的养老金计划，并使之更加完善和灵活的过程中，是一股极富创造性的力量。这是一个在规模上只有哈佛和史密森的创造能与之相比的"杠杆"样板，也是一种顺乎潮流的思想力量的戏剧性展示。这一个案的最不寻常之处在于：一是卡内基在创建它时的行动；二是极少见到美国其他大商业企业家在非营利领域准备（或只是尝试）去做一番与此相当的创造性事业。

另外，还有两种有趣而重要的慈善杠杆：私人捐赠和公共基金的互动作用；广泛引发捐赠者自身连锁反应的"一连串"奉献。

玛丽·拉斯克和她的基金会在推动政府投资庞大的医学研究与卫生保健事业中的作用，可以作为第一种即互动性杠杆的例证。再如芝加哥的欧文·哈里斯（Irving Harris），一个长期从事公益事业、成绩显著的捐赠者，也曾有效地调动国家和地方政府拨款，支持他在城市住房建设中援助儿童和贫困家庭的项目。还有其他的例证，如 20 世纪 60 年代卡内基公司的创意导致公共广播公司的创建；福特基金会的捐赠促使政府在六七十年代不断改进与贫穷作战的方案；洛克菲勒基金会在农业研究方面的努力促使美国政府在这个领域有更大的作为，让各地政府之间有更多的合作，等等。

应该承认，基金会的这一类杠杆作用，有时被它的赞赏者和评论者有所夸大，但有不少像上面这样一些令人难忘的事例是无可否认的。

另一类杠杆作用，是由某些特定的慈善项目那令人鼓舞的及时性、吸引力及其成果的多种多样所产生的。这方面最有趣的例子，是纽约的成功企业家尤金·兰（Eugene Lang）不久前发起的"我有一个梦想"项目。尤金·兰是一个贫困移民家庭的儿子，在纽约上过公立高中。多年以后，1986 年 6 月，他作为一名杰出的校友，应邀回校在学生集会上发表演说。当他走上讲台，看到面前的年轻听众大都是黑人和西班牙人时，心中突然有了一种冲动：要给他们所有的人提供全额奖学金——只要他们坚持上学并完成学业。

他果真这样做了，这在学生和他们的家长中引起了极大的震动，也引起了地方乃至全国的注意。这件事的发生，几乎是出于无心；但它发生的时候，全国公众正在为城市中少数民族居住区学生的辍学、犯罪、吸毒以及绝望情绪蔓延而日益担忧。尤金·兰的捐赠行为，似乎直接击中了这些问题的根源，因此他成了全国英雄。他的"我有一个梦想"项目内容在 20 世纪 80 年代如野火般在美国许多新的

百万富翁中间传播开来。从那时起,全国许多城市的男女富豪先后发起、赞助了157 个比类项目。其结果,有超过 1.2 万名"梦想者"走进了大学。

与前面叙述的那一类带偶然性的杠杆作用一样,这类捐赠的扩大和增长也不是事先计划的,甚至是难以预期的。然而它表明了一个非常戏剧化的现象:一个应时而至的火星,可能点燃一大片美丽的篝火。

最后有待说明的是最为切实可行的一种能够最大限度扩展慈善捐赠效益和影响的杠杆作用,这几乎是所有认真的捐赠者都可能在其公益事业的实践中运用的。具体地说,就是把他们自己——他们的时间、才智、经验和精力——连同他们的金钱,一起奉献出来,投入进去。

这类杠杆作用,有三个最新的具有典型意义的例子,那就是:弗雷德里克·罗斯(Frederick Rose)和纽约的林肯表演艺术中心(以下简称林肯中心);詹姆斯·沃尔芬森(James Wolfensohn)和纽约历史悠久的卡内基音乐厅;李·艾柯卡(Lee Iacocca)和他对记忆犹新的、有争议的集资运动的领导——为了修复自由女神像和重建埃利斯岛移民中心,重现这两座历史纪念碑的原貌。

弗雷德里克·罗斯

弗雷德里克·罗斯,是东海岸一个非常成功的房地产开发商。作为一个慈善家和市政服务雇员,他的事业也同样成功。早年,他在犹太教的和非宗教的慈善工作中,都干得相当出色。后来,他成为高等教育方面的慷慨赞助者,并成为一些著名机构(如耶鲁大学、大都会艺术博物馆和纽约首屈一指的文化综合体林肯中心等)的董事会成员。

罗斯在每个董事会都十分认真积极。他对林肯中心最近一个项目的领导生动地证明了:当捐赠者把自己的精力、经验和才能同金钱一起投入所从事的事业,将能使自己的捐赠产生怎样的杠杆作用,取得何等巨大的效益。

林肯中心,包括歌剧院、芭蕾舞大厅、剧场、音乐学校、电影中心和其他等,随着它的事业的发展,早在20世纪80年代初,就已经急需增加许多配套设施了,比如需要有进行演出排练和影视拍摄的空间,需要有住房、行政办公室等。由于这一中心坐落在纽约城市建设急剧发展的地段,要新增一个多功能的综合性建筑,障碍极大,花费也极大。它面临着一系列问题:这个新的综合体将归属哪个区的问题;把近处一所已经废弃的公立高中(向市里)要来作新建筑地点的问题;协商购买"空气使用权"(对于纽约市的环境来说,这是极具潜在价值的无形资产)的问题;如何应对当地社区反对的问题,等等。

罗斯自告奋勇来处理所有这些问题,因为作为一个"开发商"经常就是干这些事情的。他挑选并集合了一组所需的专家——律师、社区公关专家、房地产顾问、建筑家、工程师等,并努力把他们之间的关系协调好。他也直接参与了新建筑的整体设计,使之能够满足各个部门的不同需要。他还提出要在新的综合体中包括一幢公寓建筑,以便能为中心提供一大笔房产收入——如果房产未能出售,则可改为出租,也能给中心提供源源不断的收入。

罗斯亲自领导了这全部计划的实施,保证了新建筑的结构与原有建筑完全和谐。通过协商降低新建筑上方"空气使用权"的买价,他实际上等于为已有的一般捐赠又增加了5000万美元(为了购买新建筑上方的"空气使用权",他在已有的一般捐赠之外又筹集了5000万美元)。同时,他又成功地从各个方面为整个项目筹措了1亿美元的附加基金。

罗斯为完成这项庞大的任务艰苦工作了数月。而当筹资活动顺利进行,诸多干扰建设计划的障碍被一一清除时,他更使自己的多重贡献达到了高峰——和妻子一起捐赠了1500万美元,去最后完成林肯中心的这一配套建筑。人们被告知,由于罗斯的努力,林肯中心得到的具体收获是一个价值1.5亿美元的新综合体。仅就金钱而言,通过杠杆作用,他的家庭捐款就已增值10倍。这个倍数,显然不

是来自金钱,而是由于他如此多地投入了他自己:他的精力、经验和才能。

更为重要的是,林肯中心还由此得到了无可估量的各种无形收获,包括新建筑在功能上的多元化、美学上的品位以及整个建设进程的高速度(稍有差池就很可能陷入诉讼或谈判的泥坑而一拖好几年毫无进展)。而最无法估量的是,如果没有罗斯的特殊才能和经验,这项目不可能完成。现在,随着这一项目的胜利竣工,罗斯已经献身于另一项同样庞大和复杂的任务了——为位于纽约的美国自然历史博物馆建造一座重要的配套建筑。

詹姆斯·沃尔芬森

无独有偶,又一位捐赠者詹姆斯·沃尔芬森也由于个人直接参与了两项重大慈善项目而发挥了强有力的杠杆作用。

作为一个投资银行家,沃尔芬森在 20 世纪 80 年代领导了整修纽约市著名的卡内基音乐厅的重要工程,90 年代又承担了抢救肯尼迪中心的繁重任务。

出身于澳大利亚一个中产阶级家庭的沃尔芬森,先在伦敦,随后在美国游刃于金融界,可谓一帆风顺、步步高升。他在纽约的著名投资公司囊括了一批杰出的人物,如前美国联邦储备委员会主席保罗·沃尔克(Paul Volcker)、加利福尼亚理工学院的某任校长和后来的美国国防部部长哈罗德·布朗(Harold Brown)等。

与他的金融活动相并行,沃尔芬森从一开始就对文化事业、公益事业和知识界的事务深感兴趣。他曾是洛克菲勒基金会的董事,还曾领导过普林斯顿进修学院的董事会。他和妻子也建立了自己的基金会,以他的金融公司年利润的 20%(一个惊人的数字)作为基金,用于公益事业。

沃尔芬森个人十分热爱音乐。他从儿童时期起就弹钢琴,他的女儿也可望成为一位钢琴家。著名音乐家艾萨克·斯特恩(Issac Stern)、姆斯蒂斯拉夫·罗斯特罗波维奇(Mstislav Rostropovich)和马友友,都是他的好朋友。1977 年,当大提琴家杰奎琳·杜·普蕾(Jacqueline du Pré)为身患多重硬化症而苦恼的时候,沃尔芬森特意去跟她学拉大提琴,帮助她树立信心:即使不能再登台演出,也还可以进行教学。在庆祝自己的 50 岁生日时,他居然在卡内基音乐厅参加了由艾萨克·斯特恩担任第一小提琴手的弦乐四重奏。

多才多艺和活泼热情使沃尔芬森在金融界、文化界和知识分子圈子里有了很不一般的实际地位。这种地位,加上他本人对文化艺术的浓厚兴趣,就使他对与他相关的文化机构的捐赠的效益能够扩大许多倍。最初的一个著名事例,就是他所领导的拯救纽约卡内基音乐厅的运动。

这场运动,使这个历史悠久的艺术殿堂在20 世纪80 年代大批拆除老建筑时,没有成为拆卸工人大锤下的牺牲品。这个音乐厅,音响完美,深受全世界音乐人的喜爱,但它从建立之初就赔钱。在它存在的 90 年岁月中,很少赢利,以致整个建筑多年不得维修而残破颓败。如果重新修建(彻底翻修),根据最粗略的估计,至少也需要 3000 万美元。而这笔款项,它的董事会认为,无论怎样努力,也是难以筹集的。于是有人严肃提出,把它拆毁了事。

沃尔芬森坚决反对这种主张,于是挺身而出,挑起了拯救卡内基音乐厅的重担。他听取音乐界朋友的建议,也凭借自己从商的经验,首先对音乐厅杂乱无章的演出节目单和不合时宜的宣传方针进行了彻底改革,初步改变了它的营业状况,随即开始筹集款项,准备动工修建。

沃尔芬森自己首先捐款 100 万美元,同时动员纽约金融界和文化界一些知名人士也带头捐了款,一场大规模的筹款运动随即开展起来。结果,筹集到了 8000 万美元的资金和抵押物;参加长期定额捐赠的人数,也由原来每年不足 800 人,猛增到 9000 多人。有史以来第一次,音乐厅的运作有了赢利。

沃尔芬森作为主席的任期在 1990 年结束。此时,卡内基音乐厅已经完全修复,资金也开始积累起来。在管理上和经济上,它都不只是获救了,而且还大为改

观。詹姆斯·沃尔芬森依靠他的经营才干、社会声望及其与纽约金融界、文化界的关系,以及自己的勤奋工作,最后筹集到的资金比他个人给这个项目的直接捐赠扩大了 80 倍,甚至更多。

沃尔芬森取得了许多人认为不可能取得的胜利,于是,华盛顿特区肯尼迪中心(被指责为经营得最差的音乐厅)董事会主席的职务又落到了他的肩上。这个中心,至少需要 4500 万美元去整修已经破败不堪的门面和里面的六个舞台,而它本身,则不仅毫无积累,还连年亏损。沃尔芬森精明异常,他首先跟国会和白宫具体敲定了拨款支持的问题,然后才作出了自己的承诺。他仍然是从提高这里演出节目单的档次入手,来彻底整顿这个烂摊子。他运用自己曾在哥伦比亚广播系统董事会工作的经验,建议肯尼迪中心开设它的"第七个舞台",即设法让这里演出的节目进入美国千家万户的电视屏幕。也正好以此为契机,把对这个中心从来不闻不问的社区的积极性调动起来,让其承诺,此后一定持续不断地对中心进行支持。

在整顿和修复这个重要的文化艺术中心的任务中,他是否能第二次再创奇迹,现在已无从知晓。因为在 1995 年年初,他被任命为世界银行行长了,而这个职务,即使对他这样精力无比充沛的人来说,也必须全力以赴。

李·艾柯卡

为纪念纽约港自由女神像建成 100 周年而由李·艾柯卡主持的一场集资修复女神像的运动,是因捐赠者亲身参与而启动杠杆作用的又一例证。

自由女神像的保护和维修工作,多年来一直被忽视,附近埃利斯岛上昔日的移民中心,也是同样的命运。早些年,不少人提出过筹集私人资金来修复这两个历史纪念碑的建议,但始终未能落实。1982 年,里根政府为此组织了一个蓝丝带公民委员会去开展全国性的工作,设想把各种媒体都发动起来,动员社会各界踊跃捐款。但在先后邀请一些知名人士出面牵头时,一个个都拒绝了。直到最后找到李·艾柯卡,才终于同意挑起这副重担。他是意大利移民的后代,当时任克莱斯勒汽车公司总裁。由于前几年拯救这个岌岌可危的汽车公司的成功,他在电视屏幕上的频频出现,也由于他的自传的畅销,他已成了一位民间英雄。

艾柯卡很有眼光,看到了这一任务的光辉前景,因而接受下来以后就兴致勃勃地把整个身心投入其中。"我不只是开支票,"他说,"我还要全力以赴。"他亲自担任了这场运动唯一的电视发言人和主要筹款人。当修复工程的费用由预估的5000万美元需要增加到2亿美元时,艾柯卡随即也把筹款的目标由5000万提高到2亿美元——"两亿美国人,一人一美元。"他说。

凭着自己在大规模推销商品方面的成功经验,艾柯卡首先策划了联合一批主办单位的步骤。他抓住1984年在洛杉矶举办奥运会,全国最著名的几十家大公司都要大做广告的机会,给予它们在广告中使用自由女神像标志的专利权,以换取它们对集资运动的支持和参与。于是,女神小姐和埃利斯岛,马上以"官方"的身份,拥有了她们的报纸、饮料、烈酒、啤酒、香烟、航线,甚至大红肠。

在1986年纪念自由女神像建成100周年时,艾柯卡宣布,已经为修复工程筹集到了1.7亿美元的现金和抵押物。根据工程的实际开支,尚有一些亏空,但他已与国家财政部商定,通过发行5000万美元的纪念币来解决。

问题解决了,但这一胜利并未得到普遍的赞扬,反倒招致了不少批评。部分原因是它最后仍不得不借助政府的参与来实现既定的目标;部分原因是人们认为艾柯卡把历史文物商业化和个人化了,在活动中过于以自我为中心,降低了这一成就的意义。

然而,我们仍应肯定,这个人毕竟勇敢地承担了被许多人拒绝接受的任务,熟练地运用了生意场上的推销手段,而且为取得这场运动的成功而勤奋地工作过。虽然无人知道艾柯卡个人为这项工程捐了多少钱,但仅就他所募集的美元而言,他为一个公众目标所做的努力,也已取得了超过个人能量无数倍的效果。

第十六章

赠款、交换和交换方法

　　如果说基金会是公益事业中受到过分重视与过高评价的赞助形式，那么赠款就是最不受重视和评价最不足的赞助形式了。基金会专业人员的传统观念认为：建立一个基金会是慈善家高尚独特的创造性的行为，而赠款献金则是被动平庸之举。

　　但从捐赠者的角度来看未必如此。创建一个基金会既劳累又担风险，而赠款反而是简便又安全的投资。前者要踏进一项冒险的、前途未卜的新事业，而后者只是与一个有案可查、备受尊重的现成机构打交道。每年美国捐赠者所提供的大大小小的各种赠款的长长名单就足以证明，这种灵活多样的捐赠形式完全适应各种不同兴趣和情况的需要。

　　也许，局外人的主要误解在于这类赠款是否会有新意和独创性。确实有一些捐赠者只是出于对某个机构的爱心和忠诚就给予赠款，不求任何回报；但在大多数情况下，大笔的赠款都是一个物物交换的过程。在非营利领域中往往用一种特殊的"币值"来计算代价：如命名一座建筑物、授予一个荣誉学位、推行某一特定的科研或教学课题的协议等。有些大学或医院会同意以捐赠者的名字设立一个教授席位、一个研究所或者早产儿护理院等。捐赠者获得的"利益"形式是社会承认、声誉地位、留名后世。

在某种情况下，也有以钱对钱的交换，譬如，赞助者要求从其他来源筹措到相应数目的资金，但大部分情况还是资金与无形资产的对换。由于涉及的金额很大，会举行种种简单或复杂的、精短或冗长的谈判，最后才拍板成交。

由于很多捐赠者都是很有做生意经验、不好对付的商人，所以谈判的过程往往旷日持久、争执不休。仅就捐赠者的要求和策略之多样繁杂，就无法界定这一特殊的市场规则。但是至少有一条原则是通用的，那就是捐赠的金额越多，受赠者的回报就越大，双方达成的协议也越加周详复杂。

第一，本章要介绍的是博物馆、大学、医院或其他这类机构为大大小小的捐赠者设计的回报"价码表"。它清楚地表明捐赠者们能够期望的合理回报是什么。

第二，本章要介绍一间教育机构——麻省理工学院最近与一位大捐赠者达成的庞杂的协议的条款内容，说明一般会提出的一些议题。

第三，本章要叙述斯坦福大学与胡佛研究所之间，因后者的筹款活动能量而引发的长期冲突。

第四，本章要分析被广泛报道过的赫什霍恩博物馆的个案：这是一个美国政府机构所接受的一大笔私人赠款，谈判持续经年，牵涉到各种体制上的、政治的或偶然的因素，但最终取得空前的成功。

第五，本章要描述沃尔特·安嫩伯格与接受他大笔赠款的机构谈判时既尊重对方又保持控制的灵巧的平衡手段。

第六，本章要讲一讲阿曼德·哈默（Armand Hammer）的发人深省的故事。他是一个不负责任的捐赠人，他无休止的过分要求超出了可以接受的限度，最终带给自己的是失败和羞辱。

赠款的市场"价码表"

当捐赠者或他的基金会对一个教会、大学、博物馆、医院以及其他的非营利运作机构捐献不多的赠款时，最简单的方式就是在对方的筹款活动中拿出钱来。所交换到的是在荣誉榜上记载或刊出自己的名字，根据金额的多少，被冠以"捐款人"、"赞助人"或"重要赞助人"的称号。

对于数量比较多的赠款，有一个庞大的提供"纪念赠品"的超级市场。也像任何市场一样，每件赠品都有各自的价格标签。那些默默无闻的地方机构价格较低廉，而声名显赫的机构给予捐赠者不同形式的荣誉可能异常昂贵。

在有的教堂捐赠 500 美元可以把你家庭的名字刻在靠背长椅上；另一些教堂可能开价 5000 美元。在有的图书馆捐赠 5000 美元就能命名一间儿童阅览室；另一些图书馆则要你赞助 25 万美元。给一所医院的早产儿护理室命名，可能要付出 5 万至 25 万美元不等。

知名大学在这方面的规则更加细致，标价也更高。如一个常春藤学校为命名一所建筑物所开的价格，至少是整个建筑造价的一半。捐赠者的名字将一直保存着直到它被拆毁的那一天，取而代之的新楼想必又会冠以某一位新捐赠者的名字。

资助有些项目的赠款是消耗性的——例如"墨菲讲座"，在经费没有花完以前一直冠以捐赠者的名字。换了赞助的人，则讲座的命名也会变换，比方由"墨菲讲座"变成"汉尼根讲座"。如果是命名一项永久性的捐赠基金，它可以永恒不变，博斯基基金将永远是博斯基基金，不过这个名字只是出现在记录中或偶尔发表的报告里。

由于捐赠者普遍渴望得到某种正式的对个人的鸣谢，越来越多的机构设计出一整套详细的"命名机会"，将各种设施或设施的一部分，或者某些项目冠以捐赠者或他的家庭的名字。

一些博物馆可能已经把这种纪念手法运用到了极致。下面是一家著名的城市博物馆未公开的赠品价码单上的部分项目：

部分大楼，包括展厅	$ 10000000～25000000
礼堂座位（每个）	$ 10000
首席策展人办公室	$ 100000
国际展览基金	$ 750000
公众项目基金	$ 2000000
访问学者基金	$ 750000
电影系列	$ 400000
讲座系列	$ 350000
出版基金	$ 1000000
主要楼梯	$ 1500000
衣帽间	$ 250000
载人电梯（每个）	$ 250000
画廊	$ 1000000
男女洗手间	$ 50000

上面列举的这些价格可以有一点协商的空间，但不会有大变化，因为这些机构是在仔细研究过其"市场"和最接近的竞争对手的价格标准后制定自己的价码的。至于巨额的馈赠，协商的范围和时间就要视情况而定了。

一笔巨额馈赠的过程

1939 年,埃德温·怀特黑德(Edwin Whitehead)和他的父亲创建了泰克尼康公司,后来发展成为临床化验分析自动化设备的主要供应厂商,利润极高,最终于 20 世纪 70 年代以 4 亿美元的价格售出。埃德温决定将他财富的大部分投入公益事业,因为这些钱得之于医学研究的发展进步,他决定将其一部分"溯本归源"。

1974 年,怀特黑德的第一个行动是签署了 1 亿美元的协议,向杜克大学认捐了一所生物医学院。但是没过多久,由于在管理和挑选主要师资的问题上意见不一,协议未能达成。怀特黑德赠送给杜克大学 1000 万美元作为安慰礼物。后来他说到从这次经历获得的教训是:"挣 1 亿美元要比花 1 亿美元容易。"

此后,他开始与麻省理工学院和哈佛大学讨论创立一个新的健康科学和技术的合作项目,但也由于双方的分歧无法沟通而搁浅。最后,怀特黑德与麻省理工学院达成协议,创建一所新的生物医学研究所,它不算麻省理工学院组织机构的一部分,但是与它共用师资队伍、部分董事会成员和某些设施。怀特黑德同意提供 2000 万美元为新的研究所盖一座研究实验室,并在他有生之年每年资助 500 万美元活动经费。他也设立了一笔至少 1 亿美元的基金,作为他去世后持续的支持。

双方经过好几年的协商才最终达成如下的协议,并仔细地以法律文件记载下来:

• 新的研究所应有自己的董事会,麻省理工学院的代表在其中仅占少数席位。

• 研究所的所长由董事会任命,经麻省理工学院核准他可以成为该学院的教授。研究所任命一定数量的教职员,他们也在麻省理工学院获得同样的职位,并得到与学院待遇相当的工资。任命分永久性和非永久性两种。

　　•由于增加了师资，麻省理工学院应接纳额外数量的研究生。

　　•为了帮助麻省理工学院承担因为设立新研究所而可能出现的未估计开支，怀特黑德将提供750万美元的特别基金。

　　•首届董事会的成员是埃德温•怀特黑德的三个子女和他提名的八人，麻省理工学院提名三人，另有三人由董事会和麻省理工学院联合提名。

　　为达成双方对所有这些细节的共识，在怀特黑德和麻省理工学院之间进行了慎重周密的讨论。怀特黑德在高科技商业领域和与科技组织打交道方面都有着丰富的经验。他想要创造一个高水准的科研机构，用以纪念他本人和家庭，使他的家人参与这一事业，并与大学联结在一起，而又不完全成为附属物。对学院而言，它要权衡它与这所半独立研究机构挂钩的好处（包括未来可能从研究成果得到的专利收入），以及把自己的名字和声望赋予一所不能完全控制的机构的风险（包括它的让步可能对教职工感情及学院特殊地位产生的负面影响）。这些想法都经过周详细致的平衡，协议才得以达成。

　　研究所选聘了一位诺贝尔奖金获得者来领导，并吸收了高水平的科学家来工作。它后来开展的研究项目在其领域中都很受赞誉。研究所虽然不时也会出现分歧、关系紧张，并引起严重的问题，但是由于双方对起初的协商都有共识、有经验，能控制各自要求的限度，因此都不难解决。

　　怀特黑德研究所的例子清晰而生动地说明了作出一项重大捐款时可能遇到的种种复杂问题。也许，它提供了一个范例，即怎样从捐赠者和受惠者的不同角度来现实地掌握分寸，以取得皆大欢喜的结果。

斯坦福大学和胡佛战争、革命与和平研究所

胡佛研究所与斯坦福大学之间的关系，是目前所知一位捐赠者和受赠的非营利机构之间最冗长不休的争执。不过，这场角斗到头来可能对双方都有好处。

赫伯特·胡佛（Herbert Hoover）从在第一次世界大战中的欧洲担任救济官员时起，到他就任美国总统期间及在这以后，一直悉心收藏有关战争起因及其后果的文献资料。1919 年，当他的历史文献收藏已经相当可观时，他向他的母校斯坦福大学捐赠了 5 万美元，以派出一支学者队伍到欧洲帮助收集第一次世界大战的历史档案。当成吨的资料开始运回学校时，胡佛又提供了一笔赠款设立他的战争图书馆，"作为大学图书馆内一个独立的收藏"。资料源源而来，到了 1920 年，这份收藏已经占据了大学图书馆的整个侧楼，并改称为胡佛战争图书馆。胡佛捐款购买书刊资料，而大学负责收藏和管理的费用。由于他与学校之间的共识并不很清楚，就有关经费、主控权和这份收藏的独立地位等问题爆发了不少争论。

到了 1925 年，不断涌进的大批资料充塞了大学设施的空间，盖新楼成了当务之急。这时胡佛战争图书馆的职员开始构想它的未来：成为一个拥有自己的研究人员、完全脱离大学的自成一体的研究中心。但这个想法被大学否定了，导致双方关系的进一步紧张。

1933 年胡佛从华盛顿回来以后，他十分积极地着手从朋友和东部的基金会那里筹募资金，以在斯坦福校园内建立一座高层的新图书馆楼。1941 年新楼落成，开幕典礼标志着胡佛和大学之间暂时的和解。然而没过多久，当胡佛支持图书馆建立自己的班子并开展自己的研究活动时，他与大学之间在分离和独立问题上的长期争执再次紧张起来。问题已超出了学术界的嫉妒心或争地盘的范畴，扩展成大学自由派和图书馆保守派之间的意识形态较量。

1946 年，双方达成一个暂时性的解决办法：图书馆成为"大学的一个独立部

门"，由胡佛控制的顾问委员会辖管。但是到了1949年，大学教授斥责胡佛是"多管闲事的反动派"，随即重新恢复了大学对图书馆的控制。

在以后的12年中，激烈的冲突一直继续着。大学教授们很不满在他们中间出现一批被认为在意识形态上冒犯他们的人，不断施压力争控制权；而胡佛和他的富人朋友们则利用他们掌握经费的权力进行反击。胡佛一伙骤然中断了对大学的资助，导致1957—1958年财政危机的出现，并使他们在1959年获得决定性的胜利——一项书面协议宣布新改名的胡佛战争、革命与和平研究所完全独立，撤销教授监管的各委员会，并任命由胡佛挑选的格伦·坎贝尔（Glenn Campbell）为新所长。

胡佛很快又成功地吸引到一些保守的基金会和个人投入大量捐款。到1962年，他赢得了大学进一步和最终的承诺：不再干涉研究所的事务。

这位美国的前总统于1964年去世。在过去50年间，他为自己的母校鞠躬尽瘁，但又与其抗争不止。从那以后，胡佛研究所的职工队伍、出版物、物质设施、经费和在全国的影响都大幅度地增长着。拥有1.25亿美元以上的基金、80多位包括诺贝尔奖金获得者和许多资深的研究学者队伍，它现在可以称为是在国内外最杰出的研究20世纪经济、政治和社会问题的资料中心。

如果没有这位全心投入、意志坚强又具有独一无二的前总统声望的捐赠人，胡佛研究所绝不可能有目前这样的成就。当然今天的捐赠者有理由询问：是不是有必要只是为了把机构设立在斯坦福的校园中而争斗不休？难道没有比较顺畅的路可走？或者，作为这一切较量的代价，在一所大学之中造成两个强有力的自由与保守派思想圈子之间尖锐的学术对峙，是值得的吗？如果这最后一个问题是客观评价的话，那么它对学术和教育的好处可能确是非常值得的，它的结果应该被看作一大成功。

约瑟夫·赫什霍恩：一贯的赢家

约瑟夫·赫什霍恩(Joseph Hirshhorn)，1899 年出生于拉脱维亚一个有 13 个孩子的大家庭中，后来他的寡母带着所有的孩子来到美国。那时他才 6 岁，就到一家钱包厂干活挣钱，贴补家用。

小乔伊(约瑟夫)13 岁时辍学当了报童，16 岁时在华尔街做股票交易员。不到 30 岁，他已经赚了又赔、赔了又赚，到手过几笔钱财。1929 年股市崩盘时他极其幸运地逃过了，开始寻找新的机会来发挥他作为交易家和投机者的才能。为此他到了加拿大，几年之内在那里建立了一个小小的金矿王国。但他的红运是随着不久后的第二次世界大战降临的，原子能的发展与苏联对核武器的掌握，使铀成了"未来之矿"。

赫什霍恩结识的一位地质学家的预感促使他冒险一搏，他找到了加拿大蕴藏铀的主要地区，先下手为强，悄悄树立起数千个采矿界桩，并很快进行了开采。到了 20 世纪 50 年代，赫什霍恩矿场的铀产量已超过当时美国 652 个铀矿产量的总和，美国政府和他签订了价值亿万美元的合同。

一时间，全世界的主要矿业集团都很想把赫什霍恩的产品全部买断。赫希霍对各方玩弄手腕，终于从当时由英国贝斯伯勒(Bessborough)公爵主持的罗斯柴尔德·里约·廷托公司那里赚到了将近 1 亿美元的利润。在正式文件签署之际，赫什霍恩抑制不住自己的兴奋，和他的律师一起从大厅冲到洗手间。他往隔间下面窥视，确信没有别人时，喜不自胜地跳了几步踢踏舞，放声大笑着说："看看我这个从拉脱维亚来的小犹太，居然和英国的皇家做生意！"

赫什霍恩是个充满矛盾的人物。他每天要抽 30 支雪茄，精力无比旺盛；他举止粗野，做生意更加粗野；然而，他热情奔放、逗趣可笑，从不矫揉造作。

他凭着企业家的眼光和赌徒的胆量，在生意场上一帆风顺。但自己的私生活却一塌糊涂,接二连三离婚,和子女关系极差。他对金钱贪得无厌,奇怪的是对艺术也是如此渴求。收藏艺术品和追求财富都是他长期以来最热衷的事。他天赋的自信、精力、眼光和不惜一搏的冒险精神也都投入到了收藏事业。而且他收藏的胃口和敛钱的胃口一样永无止境。他自己做功课,不辞辛苦地逛画廊,跑拍卖行,访问艺术家,参观他们的工作室。他的藏品仅看数量就十分惊人。他从20世纪20年代后期开始收藏,30年代他大约每年买60件,40年代每年150件,50年代每年超过200件,到了60年代(在他的铀矿大获成功之后)每年多达700件。他一生收集的绘画和雕塑总数超过12000件。

几乎从一开始,赫什霍恩就专注于当代艺术,尤其是美国青年艺术家的作品。在50年代他的部分藏品已在国内外著名的美术馆展出,艺术界的权威人士称赫什霍恩的收藏是世界上同类收藏中"最重要和最丰富的"。

1960年左右,赫什霍恩开始想要有一个自己的博物馆来存放他的一大批藏品。大约也在此时,美国等一些国家的重要博物馆也开始考虑建立新的当代艺术博物馆的可能性。正如在开发铀矿时一样,各方面的有利时机为赫什霍恩提供了绝佳的交易机会。加拿大、以色列、瑞士等国家都向他提出了建议。他一度曾严肃考虑过来自佛罗伦萨的一个方案,但当他得知需要付给意大利政府他的藏品价值15%的税款时,就放弃了。下一个使他认真对待的是英国伊丽莎白女王的提议:在伦敦的摄政公园拨出几英亩地,再盖一座适宜的建筑来安置收藏品。

这时华盛顿史密森博物院的院长狄龙·里普利(Dillon Ripley),一位兼有贵族和学者之风的新英格兰人提出了另一个倡议,把女王的建议比了下去。他偶然在以前通过的法令中发现了一个条款,授权美国总统可以在首都中心的林荫道地带划出土地建立当代艺术博物馆,以与收藏古典大师作品的国家美术馆相呼应。里普利认为建立这个博物馆的时机已到,尽管是晚了一点。弥补失去的时间的最好办法是找到什么人已有现成的收藏。里普利是位专业的鸟类学者,他像鹰鹫一样抓住了这个机会,要把赫什霍恩的藏品弄到手。

1964 年,里普利写给赫什霍恩一封想打动他的信,说"史密森博物院很有兴趣设立一个与伦敦泰德现代美术馆不相上下的博物馆",希望他们可以见面"探讨这个想法"。双方开始了礼节性的接触。第二年年初,赫什霍恩的律师萨姆·哈里斯(Sam Harris),一个精于世道常情和华盛顿官场习俗的人拜访了里普利。尽管这只是初步的讨论,哈里斯已打算把赫什霍恩的两项基本要求提出来。当里普利谨慎地问赫什霍恩是否考虑把他的收藏赠给史密森博物院时,哈里斯回答说:"他希望博物馆能冠以他的名字。"里普利说这不成问题。哈里斯又进一步问:"在市中心林荫道地带吗?"里普利答道:"我不觉得有何不妥。"哈里斯抑制住兴奋不动声色地重复说:"你的意思是在林荫道地带建立一座赫什霍恩博物馆?"

里普利意识到这个问题实际上是对反犹主义的顾虑,他说:"现在是 1965 年,我想美国已经成熟了。"里普利通过这次交谈确定引起了赫什霍恩的注意,但是要做的事情还不少。他在下一封信中表示这一收藏在史密森博物院中将会保持其独特的地位,每年将会有数百万人来参观。与此同时,他也要求约翰逊总统和总统夫人亲自出面支持。第一夫人两次造访了赫什霍恩在康涅狄格州的庄园,参观他的藏品,使赫什霍恩受宠若惊。

最后,里普利使出了白宫的全套礼仪招数:为赫什霍恩一家安排正式酒会和单独参观,随之与文化界名流和权威人士共进午餐,总统还特地离开内阁会议赶在席终前与大家见面。高大的总统像大熊般拥抱了客人,热情地说:"乔伊,你用不着什么合同,把你的收藏交给史密森博物院就是了。其他的事我会关照。"赫什霍恩当时就软化了。后来他说:"一旦总统用胳膊搂住你,你只有俯首听命。"

但是赫什霍恩的律师可不会俯首听命。哈里斯告诉总统顾问阿贝·福塔斯(Abe Fortas,后出任最高法院大法官):"如果没有写明条件的合同和正式的法令,休想拿走这批收藏,除非要了我的命。"在以后的讨论中,赫什霍恩得到正式承诺:

他的名字将冠于林荫道地带新的博物馆上，在建筑完成之前他也无需先交出他的藏品。

史密森博物院相对地也获得了它的最重要的要求，即博物院的董事会将来有权出售或交换部分藏品。博物院之所以坚持这一点是基于艺术专家们的强烈看法：他们认为赫什霍恩的收藏虽然很雄厚，但基本上只反映了一个人的品位和他的时代，而现代艺术要更加广泛和多姿多彩。史密森博物院如此考虑还因为它以前有过教训。它属下的弗利尔美术馆就是因为受到捐赠者规定不得出售的限制，使这个很出色的机构变得停滞不前。

这些基本协议达成以后，捐赠于 1966 年 5 月正式确认。3 年以后，在 1969 年 1 月一个寒冷的日子举行了破土仪式，穿着貂皮大衣的赫什霍恩站在魁伟的总统和更加高大的里普利之间。他并不因仪式的庄重而拘谨，开口说："他们应该给我一把高椅子。"接着他动情地谈到自己的移民家庭的早年贫苦生活，谈到他毕生的一个信念："美国艺术的爆发力总有一天会影响全世界。"《华盛顿邮报》的艺术评论家这样描述他："他站在一个箱子上才能看到讲台前面。蝴蝶领结和貂皮大衣都颇能说明问题，在他的声音里掺和着穷困和金钱。"

又花了 6 年时间，立法、设计和建设的曲折过程才告结束。在这段冗长的时间中，赫什霍恩显然又得到一些新的让步：他有权否决建筑的总体设计。譬如，当建筑师最初提出的方案是将博物馆的大部分安置于地下。赫什霍恩对此大发雷霆，"你想把我埋葬在防空洞里吗？"他厉声说："还是去埋你自己吧！"那个方案就被撤销了。另外，博物馆的董事会是独立于史密森博物院的机构之外的，赫什霍恩有权指定一半董事会成员，并自任主席。他也得以聘用他的收藏策划人艾布拉姆·勒纳（Abram Lerner）为新博物馆的馆长，虽然勒纳缺少通常担任这个职位所要求的学术背景。

但是，围绕着这项计划仍然是非不断，尤其是对于博物馆的名称、博物馆建筑以及其对林荫道地区的影响和造价等议论纷纷。有些参众议员认为赫什霍恩不过是一个"不起眼的罪犯",不值得把他的名字与华盛顿、林肯和杰斐逊并列在一起。

一位有影响的新闻界人士谴责整个交易是场大骗局:"事实上,这根本不是赠送,纯粹是盗窃而已。……这些艺术品最多花了赫什霍恩 500 万美元,但却要花掉纳税人 1 亿美元(2000 万美元建筑费,外加 8000 万美元免税额),政府还得每年出 200 万美元来维持这个博物馆,永无休止。"

这些争议公开后,一度相当欣赏赫什霍恩的艺术评论家艾琳·萨里嫩(Aline Saarinen)愤慨地写道:"像乔伊这样耍弄政府,过去还从来没有发生过。"

但是到最后,里普利巧妙的外交手腕和白宫的影响力还是占了上风。现在博物馆耸立在林荫道上,成为大家熟悉和公认的华盛顿一景。争论平息了。董事会大胆而有选择地逐步卖掉和交换了一部分原有的藏品,更新和提高了收藏的水平,博物馆的声誉也与日俱增。

对赫什霍恩来说,这整个事件是一个漫长艰巨的历程。但由于他很清楚自己最需要什么(在国家的纪念物上留名),也有心接受史密森博物院的关键要求(董事会有处理收藏品的自由),这一座充满朝气、不断发展的博物馆才得以建成,并在美国政府的资助下,成为展现当代艺术的高水准艺术机构,永世长存。要得到最佳的结果,事先的算计必须样样恰到好处。赫什霍恩不仅运气好,同时也目标明确、办事谨慎,他最终所取得的成功,恐怕任何雄心勃勃的捐赠者也未曾梦想过。

沃尔特·安嫩伯格的"交易工具"

沃尔特·安嫩伯格一直以来都是一位手段高明、老谋深算的慈善家。他慷慨大度,有创造性,同时他也相信,必须把资金用于明确的目标,并对其使用保持相当的控制权。这样做好像侵犯了受赠人的主权和自尊,但安嫩伯格做得很有分寸,即使没有完全消除,至少也缓解了人们害怕他越权的担心。从这一点来看,安嫩伯格处理捐款的方法,可能是一个捐赠人对受赠人所能要求的最大限度的约束了。

在安嫩伯格赞助的活动中,最能体现他的风格和目标的要算是 20 世纪 50 年代后期他在宾夕法尼亚州拉德诺创建的非营利教育机构——安嫩伯格学院了。他为之慷慨地捐出了自己公司将近三分之一的股份,价值在 10 亿美元左右。学校的法人地位给捐赠者带来税务上和许多其他方面的优惠,其中之一就是:作为一所由国税局认定为非营利事业的学校,安嫩伯格学院可以捐款给其他机构,只要它们的目标与它一致,并且帮助管理这个资助的项目。

拉德诺的这所学校其实没有教师和教室设施,也没有自己的学生。它是和一些著名的大学(如宾夕法尼亚大学、西北大学、南加利福尼亚大学等)签订"工作协议",创立一个共同领导的安嫩伯格传播学院。在每个学校中,都成立一个联合董事会,由大学和拉德诺的安嫩伯格学院各自指定半数的成员。协议通常以 10 年为期。拉德诺的学校提供经费,大学进行教学。结果,安嫩伯格借助这些大学的声望,把按他目标和要求制定的项目承包给大学,同时又参与总体的管控,以分阶段拨款的办法,保持对这些项目相对短期的经济约束。安嫩伯格捐赠给公共广播公司的 1.5 亿美元巨款也是通过拉德诺的学校捐出的,也以同样的联合董事会管理。因此,我们可以把拉德诺的学校看成是一个非营利联合体的控制中心,也是一个很特别的公益事业谈判成交的工具。

不用说,大学里的人们对此有不同的反应。有的人很冷静实际。一位安嫩伯格项目的负责人说:"事实上,没有一笔捐款是无条件的。谁付钱就要由谁定调子。如果不想要这笔钱,你就不需要去听他的。事情就是这么简单。"另一位负责人说:"这是一笔交易。你放弃了一些权力,但是你从中也得到了不少。"美国教育理事会的一位官员认为 10 年期的合同是"非常明智、合理而恰当的"。

但是著名的教育家、原加利福尼亚大学伯克利分校的校长克拉克·克尔(Clark Kerr)说他绝对不会向他的董事会推荐这样的协议:"我认为,让一个强有力的局外人来分享对学校的控制权会使许多人忧虑不安。"

宾夕法尼亚大学安嫩伯格传播学院的首任负责人是著名的评论家吉尔伯特·塞尔迪斯(Gilbert Seldes)。他并没有在大学工作的经验,对于安嫩伯格可以行使的权力感到不安。他在 1964 年写道:"我一直坚信:按沃尔特·安嫩伯格的标准,不论是他周围的人或他自己都没有做过任何不妥的事。……他们相信学校是他们的,只要他们继续给钱,就始终是他们的。……他们从未听说过思想独立。他们认为学术自由不过是疯子或搞颠覆活动的教授的胡言乱语。他们投了资,把自己和大学的名望挂起钩来,他们就期望得到回报。"

然而,塞尔迪斯的继任者乔治·格布纳(George Gerbner)后来这样谈到协议:"它行之有效真是奇迹。如果对学校的宗旨和目标有任何异议那就会引出许多麻烦。所幸的是,安嫩伯格大使从没有将他的学术见解强加于人。"

对于安嫩伯格利用拉德诺的学校来控制接受捐赠的学院的做法历来众说纷纭。它使人不要忘记大学对于其地盘遭到入侵是很敏感的,也证实了安嫩伯格的确能划清一位赞助人的权利和义务与被赞助人之间的微妙界线。

现在他已经撤除了他的控制工具,把拉德诺的学校改变成一个基金会,作为他慈善事业最后重组的一步。这个案例已成为历史的一页,然而却是很有指导意义的一页。

阿曼德·哈默:越轨行为之一例

做交易对于某些捐赠者来说,可能是一种乐趣、一种生活方式,但有时它也会成为一种病态。后者之中最有教育意义的例子可能莫过于阿曼德·哈默的个案了。这位已故的加利福尼亚油商和艺术收藏家把公益事业的交易做到这种地步，不仅给他可能的受赠者和他的公司带来损害，最后也糟蹋了自己的声誉。

哈默毕生介入过各种各样的生意，但他的主要成就是建立了位于洛杉矶的西方石油公司。他对艺术的兴趣由来已久，那是在第一次世界大战之后，困难重重的年轻的苏联政府给他一批没收的油画抵作应支付的账款。从此他就开始买卖和收藏艺术品，这成了这位石油商一生最重要的副业。

在冷战时期他的石油公司日渐兴隆。哈默刻意为自己树立起一个与克里姆林宫关系良好的美国商人声望。他时不时地宣布与苏联合作的一些宏大项目，但大部分随后都不了了之。同时，他也常在报章上宣称要对一些博物馆作重要的捐赠，常常提到的对象之一就是洛杉矶县立艺术博物馆。1975年有位收藏家要把一大批法国讽刺画家杜米埃（Danmier）的版画卖给美术馆，但听哈默说他要买来赠送给博物馆，博物馆就罢手了。

几年以后，博物馆在一次拍卖中与哈默竞投一批馆藏正缺少的19世纪晚期法国油画，也因为哈默表示要买来送给博物馆，就放弃了叫价。这两次哈默都把作品弄到了手，而博物馆一无所得。1975—1985年期间，哈默一再安排这间博物馆展出他的部分藏品，并配以举办一些他希望的社会活动。在这些场合中，他总是强调他最后将要把自己的收藏捐给博物馆，从而得到一些媒体的注意。

博物馆董事会的主席说：他们以为也是董事会成员的哈默不但会把收藏捐给博物馆，还将赠予一笔相当数目的基金，作为未来的收藏经费。但到1988年这种愉快和睦的气氛与期待变成了痛苦。哈默宣布他计划在洛杉矶建立自己的博物馆，来存放他的收藏，包括那些他一再答应要给予县立艺术博物馆的作品。这使他遭到城市中各界领袖排山倒海般的批评。

1990年年底哈默博物馆开馆时，另一场风暴发生了。法院的文件披露拿出9500万美元费用的是西方石油公司，而不是哈默。更甚的是，哈默曾高价卖给公司一批绘画作品,公司为一些组织作出的捐赠也都冠以他的名义。

1990 年 12 月博物馆开幕不久哈默就去世了,留下一大堆烂摊子。股东们就他的石油公司赠品问题提出起诉。他的一个侄女也对遗产处理上告,指控他骗取了他妻子应得的收藏的一半利益。新的博物馆尽管已花费了过量的钱,仍然资金不足,没有完全竣工。毫无经验的管理部门宣布为了弥补经费的短缺,将在门厅开两间书店,还要挖掘潜力,把它办成“90 年代单身人士的聚会场所”。

很明显,人们会问:当县立艺术博物馆对哈默的收藏和他本人的可信度已经相当怀疑时(他们现在已承认这一点),为什么还要对他这么礼遇? 不过对于今后要做这类交易的人,教训是很清楚的:没有真诚的慈善目的和顾忌,光为自身的利益而做交易,只能导致灾难和耻辱。

INSIDE AMERICAN
PHILANTHROPY

前进中的展望

第十七章

"永世长存"的陷阱

　　美国的基金会队伍有一个显著的特色,就是它们中的大部分建立的目的就是希望"永世长存"。

　　形成这种模式的一个重要原因当然是感情因素。绝大多数的基金会都是由年迈的捐赠者建立的。他们已预感死亡将临,在决定和行事过程中他们不可能摆脱与世长辞的前景和身后留名的渴望。在这种情况下,通过创立基金会而流芳百世的想法当然很有分量。

　　从历来谈到"永续性"时所使用的语言,可以看到创造一个长存的基金会也确有其浪漫、崇高的一面。下面的例句引自一个卓越悠久的宾夕法尼亚州基金会的董事契约书:"一种高尚宏伟的热情燃起了理想之火,去创立一个世代相传的慈悲为怀的基金会,在不幸的世界上广施厚赠,直到永远、永远、永远。"近年来,已经不太会用这样夸张华丽的文法了,但是创造某种被认为会永垂不朽的事物的吸引力仍然不会消失。

　　从比较务实的角度看,永续性的想法应当是与财产权和既得利益有关系。在

1969 年国会关于税制改革的一次辩论中，这个问题曾被认真地提出讨论。众议员赖特·帕特曼和艾伯特·戈尔（Albert Gore）提议新的基金会存在的年限应该不超过捐赠者去世以后 25 年。这反映了美国人一向对于给予私人财富永久性托管权的疑虑。

但这项议案一提出，就引起了反对者的喧嚣怒骂。富人的辩护师们指责这是愚昧的民粹主义在作怪，是要摧毁私人财产的基本权利。基金会的专业人员也一致激烈地加入了反对的行列，显然提案触动了他们个人利益的敏感神经。因为如果法令生效，他们的职位将会到某个时刻就中止。这一可能性在慈善界有很大的威胁性，因为那时终身职位的观念已经从学术界广泛传入了慈善界。面对着一片反对的声音，帕特曼和戈尔退缩了，提案被撤销。自此以后，议会再也没有辩论过有关永续性的问题。

如果从世界历史以及美国经验的广阔背景上来考察这个问题，那种认为基金会也和陈年佳酿一样越老越好的流行看法是很荒谬的。虽然美国的基金会普遍存在不到 100 年（绝大多数少于 50 年），但事实雄辩地证明，时间并不会增进基金会的活力和效率。随着岁月的流逝，衰败和停滞如果不是普遍流行，至少也是常见的。

前面的章节已经介绍了相当多的例子。在规模较小的家庭基金会中，每传一代，疏于职守与互相倾轧的情况就会加剧，甚至成几何级数的增长。有些令人可喜的例外，但终究是例外。在大型的基金会中，通常的模式是，最初的阶段富有成效，随后就渐渐地官僚主义化，或者在学术上枯竭萎缩。它们并不突然爆发纷争或腐败，只是悄悄地退隐下去。

也许是因为对这些负面的问题一般都不事张扬，更常常是被基金会本身所作的自吹自擂式宣传所掩盖，今天和未来的捐赠者们都并未意识到建立一个永世长存的基金会的危害性，想要流芳百世的浪漫情怀反而占了上风。

　　事实上,认为基金会运作的质量会随着时间的增加而提高的论点并没有令人信服的依据。即使在一些比较杰出的基金会中,在它稳步发展的同时,仍然明显地出现停滞、分化的现象,项目也逐渐官僚主义化。

　　美国基金会急剧成长的20世纪相对来说还是短暂的。从更悠久的历史角度看,我们有理由相信,衰微蜕变可能是事物发展的本质。

　　美国捐赠者之所以倾向于组建永续性的公益事业,也由于他们忽视了许多世纪以来其他民族和文化的经验教训。最能说明问题的例子就是罗马天主教公益机构。

　　早期的修道院基金会附属于一个活跃的教会,强烈的宗教热情使它们生机勃勃,兴旺了好几个世纪。但是到11世纪教士们沉迷于逐猎、酒店和妓院。像诗人乔叟这样的观察家称他们为"侮辱一切神圣事物的行尸走肉"。一个世纪以后,由于多米尼加和万各济各会教派托钵修士的出现,情况有所改进。但到14世纪时这两者也堕落了。这些修士们出售天主教的免罪书和诈骗来的圣器,过着穷奢极欲的生活,彼此争吵不休,成为公众所不齿的人物。结果招致维也纳议会对教会基金会贪污腐化的管理人员进行了严厉的制裁。在15世纪后期,由于教士们偷盗成风,而且他们中三分之二有姘居的淫行,教皇英诺森六世施行了又一次激烈的改革计划。

　　然而一个世纪过去,情况没有变得更好反而变本加厉。各宗教团体及其基金会之间争夺管辖权的冲突、对政治的干预以及普遍的停滞和腐败达到了如斯地步,以至于它们的初衷——济慈行善、照顾病弱、教学、修行和提高知识等——已大部分被丢诸脑后。

　　到了中世纪的后期,由修士会永久托管的财富持续而空前大量的积累,已被看作是对它们所在各国经济发展和稳定的威胁。譬如,那一时期教会就拥有了英国和法国半数以上土地的所有权。为此,欧洲国家一个接着一个对它们的特权地位施加限制,它们的财产被没收,有些地方还被宣布为非法。

遍及欧洲的这些变化使 18 世纪伟大的法国经济学家杜尔哥(Turgot)得出这样的结论:公益事业的永续性"本身就带有无法弥补的缺陷——它不可能始终行之有效。如果创建人以为他们的热情会代代相传,使基金会的成效永续不断,那就是自欺欺人。从长期来看,没有一个人始发时的精神可以保持如初"。

因此,从历史上看,这种封闭式的机构在长时间内不断退化的记录是令人触目惊心的。当然,如果把这些历史灾难的内在起因和当代基金会出现的问题完全等同起来是愚蠢的,但如果无视他们之间使人忧虑的相似之处也同样不智。今天的基金会事实上也有杜尔哥所指的"无法弥补的缺陷",而且由于同样的根本原因,会丧失它"始发时的精神"。

用当代的话来说,基金会这样的机构既不受外界力量——如选民、顾客、股东甚至学生——的有效制约,又没有能衡量其表现的清晰的客观标准——如盈亏报表之类。它们拥有自己可靠而永续的资源,自成一体,完全不会接触到那些迫使大部分机构去努力生产、调节、求存的需要和压力。

在美国的体制中,政府的行政、立法和司法部门赋予基金会制订计划的广泛自由,也从未试图去审查或控制它们工作的质量和效果。1969 年,国会通过施行一些必要的规定,以防止捐赠者偷税漏税。它偶尔也会对基金会的思想观念倾向做一些带有党派色彩的调查,但从整体来看,政府从不干涉它们的行动自由。这对想要面对有争议的问题或者大胆开拓新路的基金会来说,当然是有利的;但是它同样使那些不打算这样做的基金会也可以安于现状,不受鞭策。

特别成问题的是,通常可以提供外界的观察、激励和批评的非官方管道在这里很遗憾地不起作用。例如,新闻界和学术界普遍比较被动和沉默。报刊发现读者很少对基金会有兴趣,因而无意采访调查和报道它们。学术界虽然私下里怨言颇多,但对基金会的问题却不会公开表态。也许是担心批评的意见会影响其获得赞助的机会。

　　基金会的董事会在理论上应当可以作出"独立的"和"客观的"评估与批评,但经验证明,如果他们要做的话,也多半只是无关痛痒的泛泛之谈。和美国的其他管理体制——从企业董事会到联邦国会等差不多,基金会董事会的作用经常是不完备的。通常基金会存在的时间越长,这些缺陷就更加显著。

　　既没有有效的外界刺激和监督,又享有稳定持久的经费支持,由赠款建立的基金会就可以永远安居一隅、无所事事,实际上相当多的基金会就是如此。

　　基于美国的经验和其他地区历史教训的见证,在面对像基金会这类封闭式机构弱化停滞(如果不是腐败的话)的必然趋势,为什么对赠款建立永续性的基金会这种做法没有人实实在在地提出疑问呢?

　　至少慈善界的一位伟大领袖朱利叶斯·罗森沃尔德曾经认真地尝试过。作为一位杰出的企业家和慈善家,罗森沃尔德坚信必须对非营利机构施加刺激、开展竞争。他看出永久性的基金阻碍了健康有效的力量的发挥。他认为它不仅使基金会的能量逐渐衰退,对其他非营利机构也是一样。

　　"我坚信不疑,"罗森沃尔德曾说过,"如果一个机构值得支持,它就会找到支持者。且到一个机构不再被人需要的时候,就不应当让它靠捐赠的基金来苟延于世。"

　　在美国捐赠者中,罗森沃尔德是早期最坚决和激烈反对永世长存的基金会的人。实际上,不少人认为他对此坚持不懈和洞察深刻的论证是对美国公益事业的最大贡献。在他的许多著述中,他提出了一些非常有力的论点,有的很有创见。譬如,他认为这种提法本身来自古老的宗教仪式和迷信思想,是古代以死者的财产为他陪葬的现代翻版。他认为许多捐赠者要设立永久性基金的动机都是为给自己的名字增光添彩。而在他看来,这种死后留名是骗人骗己、毫无意义的。他还质疑把钱置于永久性基金的做法,认为这样"将导致用于急需的经费的减少。

而我们眼前的需要则十分迫切，有目共睹"。为此，他相信一个捐赠者如果目标明确，应当集中使用他的资金，以取得最大限度的成果，全力以赴解决问题，而不要分散精力，拖拖拉拉。

按照罗森沃尔德的观点，把资金从当前已知的需求抽出而提供给将来未知的需求，这种想法背后似乎包含着一种假设，即下一代的美国人不愿或不能慷慨解囊去解决他们自己时代的问题。他本人则恰恰相反，深信"那些继承我们的人一点儿都不比我们差，也一样充满人性、开明进步、有干劲、有能力。未来的需要应该放心地交给未来的一代来安排"。

与这些观点相一致，罗森沃尔德在创建他自己的基金会时规定：全部的资金必须在他去世后 25 年内用完。他强烈主张所有的公益事业"都应当在慈善家的生命终结时结束。最多在他去世后延续一代人的时间"。由于他热诚鼓吹并以身作则，他说服了一些同代人把他们基金的限期缩短。近年来，也有不多的捐赠者以他为榜样，包括马克斯·弗莱施曼（Max Fleischmann）、约翰·奥林、露西尔·马基（Lucille Markey）和阿伦·戴蒙德夫人等。

但是现在很难得听到这样的声音，尤其是在慈善界的专业人士之中。这是一个重大的欠缺。关于捐赠者基金的寿命长短和期限是必须认真仔细探讨的，"永世长存"实在是太漫长了。

第十八章

董事及其可信赖性

基金会是有生命的机体。它们拥有金钱和权力；它们是由带有自身优缺点的人们组织、指导和运行的；每过一段时间，基金会政策的掌控和经费的使用路线就有可能改变。虽然按照经典的组织原则，应该是由捐赠者制定基本路线，董事们在决策时必须忠实执行他或她的意愿，而主管人员遵照董事会的指示，监督其实际运作。

当然，这种有条不紊、自上而下、稳定不变的范例与基金会内的实际情况很少有共同之处。现实的做法与这一理论模式背离如此之远、如此之频繁，后者如果不被看作是天方夜谭，至少也是极端简单化的构想。

实际上，随着时间的推移，在基金会内部权力和控制的分配会一而再地发生重大变化。捐赠者对他们建立基金会的意图可能胸有成竹，也可能模糊不清。在捐赠人辞世后，董事会在制定政策时可能软弱，也可能刚强；可能团结一致，也可能分崩离析。主管人员可能消极被动，举棋不定，也可能独断专行。例如，有些大捐赠者如亨利·福特、霍华德·休斯和约翰·麦克阿瑟等交代给董事会的除了刻板一律的法律语言之外，没有真正的政策或项目的导向。在这种情况下，捐赠者使自己实际上一开始就置身事外。还有另一个极端，像巴克·杜克（Buck Duke）这样的捐赠者在设立杜克基金时，不仅确立其主要目标，而且指定不容改变的受赠者名单，以及在基金会收入中应分配给各单位的百分比。在这两种极端之间，还有许多不同的层次，有的指令广泛而含混，有的限制狭隘而具体。

在一个基金会，尤其是大基金会中，对政策项目控制影响力的确立和分配会根据不同情况、人们的个性甚至偶然的机缘而一再发生重大变化。起作用的力量是如此微妙、复杂，而且一般十分隐蔽，没有普遍的模式可以遵循。不过，为了说明这些势力转移的能量怎样发生作用，考察一个实在的、重要的最佳案例可能是有教益的，这就是安德鲁·卡内基和他的核心公益机构卡内基公司——这个名称多少取得有些含糊不清。

安德鲁·卡内基无疑是美国有史以来最伟大的捐赠者之一。他对公益事业的信念和兴趣几乎无人可以比拟。他对富人行善的责任有一整套哲学观点，清楚地阐述在他的著名的《财富的福音》及其他文章之中。他终其一生慷慨施与，最后还承诺将其全部巨额财产捐赠给公益事业。

他是一位少有的极富经验的企业家型的捐赠者。他生前创建了一系列杰出慈善机构，并为这些项目亲自拟定方针和目标，是深思熟虑、清楚明了和切合实际的典范。

卡内基对教育、科学、文化和国际事务都有着异常广泛的兴趣。他也广为结交美国社会各个领域中的名流要人，从政府官员、商界人士到知识分子、学者和科学家等都有。在筹组各类公益事业过程中，他利用了自己的丰富创业经验，也利用了他在非营利领域中广泛的人脉。他组织的董事会不仅包括一些商界的老伙伴，而且是一批有名望有实力的人物。

卡内基拥有的财富和声望使他有可能把这样的领袖人物吸引到自己的公益

事业中来，而且他也完全放手让他们行使自己的权责。他关于信任基金会董事的忠诚和能力的解释大概是有关这个问题的最经典的阐述。1911 年，在建立自己最后，也是最复杂的公益机构卡内基公司时，他写道："正如在人类所有的机构中一样，有丰收的季节，也有歉收的季节。但是只要它能存在，总是不时会有具有远见、能力和智慧的人出来领导管理，而这个永续不断的基金会就会重新开始发挥作用。"

这样，这位在能力和经验上都无与伦比的人应该已经做到了一位捐赠者在创建新基金会时可能做到的一切。他在生命结束之时把这样大一笔巨额遗产赠予这个慈善性的"公司"，显然对它的期望是很高的。

而实际上，在他于 1919 年逝世后，他的期望和计划的结果又是如何呢？这个长达 70 年的故事可以分成四个章节来说——背道而驰、萎靡不振、得过且过、重振复兴，而后续的章节还有待分晓。

背道而驰

卡内基任命的这个公司董事会成员包括：他以前创立的五个主要公益机构的首脑，加上他的财务秘书和私人秘书。虽然曾有人对他指出，这样的董事会结构本身就包含冲突，因为他们既是经费的分发者，又是受益者；但他对这个忠告未予重视（直到 1946 年这些曾任管理官员的董事们才下台）。他也决定在自己有生之日，仍然保持自己作为基金会行政主管的地位。这段时期从 1911 年到 1919 年，董事会一年只开一次会，而且仅仅是认可他已作出的决定而已。所以，尽管他口头主张对董事们要信任放手，但他自己生前的作风却是独断专行的。

差不多他刚撒手人寰，这些混乱和矛盾就造成了一些严重的问题。卡内基离去后的基金会几乎没有一个合格的职员，有的只是一批受益者掌控的董事会。在三年之内，他们用掉了将近 4000 万美元，既无益于长期的规划，又不考虑这种胡花乱用对基金会未来的影响。由于章程规定,发放的捐款只能从基金会的利息收入(当时每年约 600 万美元)中支付,不能动用本金,因此这使未来 15 年的计划大受限制。毫不奇怪,这些钱的大部分都流入了基金会董事们代表的那些机构。

这是不是董事会在背道而驰? 这是不是因为卡内基自己不当地选任了那些虽有名望但有利益冲突的董事们所造成的? 显然他们都在为自己的机构捞钱。当然,由于这些机构是卡内基本人所创建的,人们不能说他们是把经费滥花在未经授权的用途上。不过即使不是非法的,至少可以说有点贪得无厌吧!

此后不久,卡内基公司的实质、精神和总的方向都急剧地改变了。所幸的是,现在学者们可以查阅卡内基和公司的文件档案,有些旧日的秘密被公开了。下面的材料引自迄今为止最重要并广受称赞的研究文献——埃伦·拉格曼(Ellen Lagemann)的"知识的政治:卡内基公司、公益事业和公共政策"(1989 年新罕布什尔州汉诺威市新英格兰大学出版社出版)。

在 20 世纪 20 年代,卡内基公司里有两位最有影响和最具雄心的董事。一位是原麻省理工学院院长、卡内基教学促进基金会的首脑亨利·普里切特(Henry Pritchett);另一位是原美国国务卿、战争部长、诺贝尔奖金获得者、著名的律师艾利胡·鲁特(Elihu Root)。他们设想的基金会不只是捐赠的发放者,而是推动"改革"的私人机构。他们的基本做法是利用基金会来建立一些由科学家和专家组成的强有力的非官方机构,以与他们认为威胁着美国传统的价值观念和既有的盎格鲁-撒克逊精英权势的、危险的民粹主义影响相对抗。

为了贯彻他们为基金会所设计的新路线,普里切特和鲁特让基金会拨出一系列大笔的经费给国家研究理事会去"组织科学",新成立国家经济研究局和美国法律协会。他们这样做,表面上是要将"科学的管理"引进国家事务,但实际上他们最为担心的是所谓来自移民、黑人、煽动家、劳工派、社会主义者以及那些"在遗传、道德上低人一等,对商业和美国式民主缺乏了解"的阶层日益增长的威胁。

化们支持国家研究理事会的目的,部分是要与有些科学家的"和平主义"倾向相对抗。普里切特和鲁特认为它阻碍了新的军事技术的发展。国家经济研究局产生的背景则是产业界劳资对立和暴力的增长,商界要人们希望私人的"专家"团体能推荐一些防止危机的办法。

在经济领域中,普里切特明显的兴趣所在是要以经济的"宣传"去反击那些"颇负众望的鼓动家"的诉求。为此,他甚至建议卡内基公司把独立的报纸《华盛顿邮报》买下来(最后这个主意被打消,倒不是因为做法不妥,而是由于鲁特等人认为这个投资不划算)。

1923 年,他们的另一项开办美国法律协会的倡议被采纳了。这是出于他们对移民和下层阶级"侵入"法律专业的恐惧,认为这构成对国家的威胁。几年前鲁特董事在纽约州律师协会的一次讲话中就曾哀叹说:"这个城市中 50% 的律师本人或者他们的父母都是在外国出生的,他们中的大部分……在血液中必然带着那些国家的传统。"

用埃伦·拉格曼的话说:美国法律协会"是以在法律专业中维护促进少数上层的利益和优先地位的方式,对付紧迫的社会问题的一种手段"。从卡内基公司在头几年中对美国法律协会和其他庞大的计划的支持来看,如果说公司的隐晦目标不仅是为少数人服务的,而且是种族主义的,并不算太过分。因为它不仅要维护美国社会中某一个特定族群的统治地位,而且要保持"种族的纯洁性"。董事们显然担心"外国人不断涌入我们的公民之中",他们把基金会变成了当时对优生学研究的主要支持者。有的研究极力主张择优繁殖政策,要对所谓"不合格者"实行强迫绝育。

在此期间,卡内基公司由这批并非家族成员的董事们大权独揽,他们自私自利,充满阶级偏见,树立了极坏的榜样。他们提供经费建立私人机构去影响公共政策。他们清楚地知道以私人资金来制造公共舆论和改变政府政策的潜力,但是却滥用这种力量为自己的目的服务。

他们这样做，以为这是效仿卡内基创建国际和平基金会之类事业的做法，但两者之间是极其不同的。卡内基的那些创举是为了这样的目标，如为一般公民提供读书的机会，以利于他们自身的发展，或者为了促进世界和平与科学教育的进步。他出身贫苦家庭，本身就是移民，他是靠自己奋发图强提高地位的。作为一个苏格兰激进派的后裔，他一直与不公正、不平等的特权作抗争，而对普通人所具有的潜力深信不疑。

这并不是说卡内基在做生意时一向都宽厚圣洁，也不是说他对自己公益事业的目标从来就明确如一。事实上，他也和当时其他企业家一样强烈反对劳工工会，在做善事时也会随心所欲，难以捉摸，譬如他并不信教却给教堂捐赠管风琴，或者给个人的英勇行为颁发奖章等。但是，他的公益事业的精神始终是民主的、充满希望和建设性的。而他去世后仅 5 年时间，卡内基公司就变成了一个种族主义的反动机构，维护旧时的上层白人的特权，阻挡移民和其他无权势者的进步。这种丑恶的畸变违背了卡内基的精神和意愿。很具讽刺意味的是，这却是在一批声望颇高、备受尊敬的绅士们手下干出来的。

这使我们应当怎样看待卡内基对董事们的绝对信任呢？他把自己创建的伟大慈善事业托付给了背景与社会阶级倾向都与自己根本相左的一批人，这是不是也可归咎于他本人的失误与自负？

萎靡不振

卡内基公司积极扩展的政治化的慈善活动持续到 1923 年。那年公司聘用了一位具有盎格鲁-撒克逊清教徒可靠背景的风度翩翩的年轻人弗朗西斯·凯佩尔（Francis Keppel）来担任总裁。他领导卡内基公司长达 19 年。如果说以前的掌权者秘而不宣的行事目标是庞大而邪恶的话，那么凯佩尔漫长任期内的政策就是随随便便，有始无终，甚至愚蠢糊涂的了。

在任命凯佩尔的同时，也增加了 7 位新的董事，使董事会的力量平衡发生了明显的变化。卡内基公司放弃了要从新来的移民手中拯救国家的圣战，而转向提高全民文化水准的项目方面。至今还不清楚当时是如何选择这个新方向的，也许只是出于一种退而求其次的心态。不论原因何在，被资助的那些项目都相当特别，甚至很古怪。

基本的想法是要把大众吸引到成人教育中心、艺术博物馆和图书馆去（至少这和安德鲁·卡内基还有点关系）。他们相信并宣称让普通的民众接触古典艺术和文学，就可以改进他们的个性、判断力和品味，进而促进社会的稳定。到头来，不论从哪方面看，他们的努力都完全失败了。

凯佩尔为人热心且讨人喜欢，但却是个不中用的主管人员。作为一个重要基金会的首脑，他的社会视野太过狭窄。在他主事的 20 世纪二三十年代，美国生活中各种关系紧张和摩擦加剧，不断增长的国际危机更是火上浇油。30 年代初致命的大萧条袭来，接踵而来的是新政时期。到凯佩尔退休时，第二次世界大战的战火已经在欧洲蔓延。然而在他那些文笔优雅的年度报告中，却很难看到任何有关当代事务和问题的线索。与世隔绝的卡内基公司仍然专注于培训图书馆员、举办成人教育讨论会、发放艺术教学资料等工作。凯佩尔的任内就是陷入没完没了的繁缛琐事的时期。

在凯佩尔任总裁的最后几年中，基金会曾请人进行一项研究，企图论证怎样通过文化活动来"提升"黑人的水平。但他们误选了一位瑞典经济学家贡纳尔·米达尔（Gunnar Myrdal）来主持这个项目，结果产生了一篇关于美国种族关系根本问题的经典报告，极富争议性，而且对后来美国的种族共处进程产生了重大影响。不过基金会对此感到十分尴尬和惊慌，当报告发表以后，千方百计拒绝对这项研究承担责任。

在捐赠者过世后，基金会方向再一次转变的时期，为什么他的这个台柱机构会埋头于那些被认为无关紧要，甚至荒谬无稽的事务呢？为什么卡内基任命的董事们那么快就抛弃了他本人的目标，背离了他的价值观念呢？为什么后来他们全然不能把在美国社会和世界上发生的剧烈变化反映到基金会的项目中来呢？而且，一个被聘用的能力平平的总裁，怎么可能主持这个机构近 20 年，而丝毫不受董事会的干预呢？他们在这么长的时间内为什么没有撤换他，并取而代之？

得过且过

后卡内基这段历史的两个主要阶段：背道而驰和萎靡不振的时期，如今被学者们委婉地称作"科学公益事业期"和"文化公益事业期"，随之而来的是得过且过的 13 年（从 1942 年到 1955 年）。在第二次世界大战和战后的严峻年代之中，基金会先后经历过三任碌碌无为的总裁。

对于一个人数不多、享有改变方向的充分自由的组织来说，这段时间不正是改头换面的有利时机吗？董事会有没有责任面对基金会存在的问题，并承认自己的错误？

重振复兴

大约在卡内基去世 35 年之后，他的基金会终于跨入了开花结果的时期。这时推行的项目充满活力，既符合捐赠者当年的精神和关注的方向，又能结合时代的需要。不过这并非是出于董事会的策划或制定的政策，几乎完全是一件幸运的意外使然。

1946 年，一位在第二次世界大战中曾任美国海军军官的年轻心理学家约翰·加德纳被聘为基金会的项目官员。那时的董事会木然僵化，职员们实际上无所适从。加德纳设计了一些研究国外情况的很有发展前途的项目，很快就表现出他的才能，于是他成了接替病弱无能的总裁约翰·多拉德（John Dollard）的最佳人选。1955年他上台了。

基金会差不多立刻就转向了一项"战略性的公益事业"计划，就国家的主要问题，特别是教育方面的公共政策进行研究和提出改进的建议。事实证明加德纳是位熟练的战略家与实干家，他能巧妙地运用基金会的资源和想法来影响其他机构，尤其是政府的方针和计划。在这第一项创举中，他以在美国教育中达到"优秀与平等"的目标作为自己的使命。在他的能干的助手詹姆斯·珀金斯（James Perkins）的协助下，他在许多方面同时推进以实现这一目标。

首先，他们资助了一些重要的教育研究计划和实验。其次，他们组织了由专家和非专业人士共同参加的有威望的委员会来研究国内的教育问题，提出解决的办法。这些研究报告发表的时机都经过慎重的选择，以便最大限度地对决策者们施加影响。与此同时，加德纳也以他本人能言善辩、优美流畅的论文和著作，成为重要的公众喉舌。

由于加德纳的出众才能和人格力量，在基金会内部他得以完全掌控决策和计划。而到了1964年，他的作用开始大大超出公司的范围，他已成为全国性的有影响力的人物。那年约翰逊总统要他主持一个教育方面的重要研究班子，他们完成的报告促使国会于1965年通过了《中小学教育法》。这项里程碑式的立法最终明确地规定了联邦政府在这一关键领域中应负的责任。

次年，当加德纳被召往华盛顿去担任卫生、教育和福利部长的职务时，没有人感到奇怪。那时卡内基公司已经恢复了它的创建者作为慈善家在半个世纪之前所建立的那种声望。加德纳的位置被另一位非常能干的艾伦·皮弗（Alan Pifer）所接替。他曾在加德纳手下工作，很快就掌控了全局。皮弗最热衷的方面是追求社会与经济的公平。他不断有力地鼓吹宣传，让联邦政府同意自己有责任来帮助实现这些目标。在皮弗上任不久，基金会就迅速获得一次大胜：1967年年初它赞助的一个有关公共电视的委员会发表了自己的研究结果。不到一个月约翰逊总统就建议通过《公共广播法》。同年 11 月经国会批准,公共广播公司就建立起来了。事实上,刚担任政府职位的加德纳在这一过程中也起了重大的推动作用,但公共广播公司的出现多半要归功于卡内基公司,也使皮弗旗开得胜。

皮弗的第二项大计划也是从加德纳时期继承下来的,这就是建立一个卡内基高等教育委员会,对大专院校未来的财政问题进行全面的研究。由于一项称为 GI 的法案决定为第二次世界大战的复员军人提供助学金,大量新生正开始涌入学校。加利福尼亚大学前董事长克拉克·克尔受聘主持这项工作。获得基金会1200 万美元经费的这个委员会最后发表了大批报告和专论,从各个角度探讨日益扩展和复杂化的国内高等教育制度出现的问题,这对后来政府以及学校本身的方针政策起了显著的影响。

在皮弗领导下的另一项成就是广受欢迎的教育节目《芝麻街》的诞生和儿童电视创作室的建立,后者已成为国内外颇有影响的机构。

岁月流逝,虽然美国的社会乱象加重而政治上趋向保守,皮弗却愈加热心为自由主义政策立场辩护。他支持贫穷不幸的人们的权利的激进态度,有点像 19 世纪时反对英格兰国教对苏格兰人不平等待遇的老安德鲁·卡内基。在皮弗的领导之下,基金会一直以经费集中支持那些为弱势阶层发言的有影响、有作为的新生力量。

加德纳对原有的消极被动的董事会照章全收。皮弗却不同,他从就职时起就以强有力的手腕来挑选比较自由派和多样化的董事,取代那些辞职或退休的人。

到了 20 世纪 60 年代末,董事会已经从几乎全是白人男性的组织转变为包括妇女、黑人、西裔和犹太人的多样化的团体。这对皮弗是很重要的保障,因为在尼克松和里根总统治下,他的锋芒毕露的观点越来越与国内的气氛失调。

加德纳和皮弗的时期引发出很有意思的问题。他们两人都是精力充沛、卓有成效的领导人；他们把基金会导向了与卡内基的精神和风格相符合的方向；他们的成就肯定会让后者满意和骄傲。

但是，加德纳的总裁任期——虽然他风度优雅、才思洋溢——是不是又一个董事会无所作为，只知盲从领导人驾驭的时期呢？就像过去董事会跟从凯佩尔多年，只是他完全不知驾驭何方而已。而就皮弗而言，他按照自己的观点谨慎地重组了一个自由派倾向的董事会，是不是至少在理论上违背了总裁应当服从董事会决策权的观念呢？不管答案是什么，不容置疑，加德纳和皮弗的时期都是卡内基公司历史上死气沉沉的几十年后的重振复兴。

1982年皮弗退休后由戴维·汉保(David Hamburg)继任。总的来说，他继续推行皮弗制定的一系列政策，不过保持低调。汉堡逐渐将注意力集中于儿童早期的发展问题，他听从这个领域内最受尊敬的权威人士的意见，使卡内基公司在国内舞台上成为争议较少但影响增大的一股力量。他也按照自己的兴趣和风格积极着手重组了董事会。

那么，从卡内基的故事来了解基金会，特别是大基金会在长时间内的控制、变化和发展过程，我们可以得出什么教益呢？

捐赠者是否应当实事求是地看到并承认，一个基金会的目标会不可避免地随着时间而改变或转向呢？

或者他应当尽可能清楚明确地规定他的基金会的目标宗旨，使其永远不会被抛弃篡改呢？

如果像卡内基这样聪明老练的捐赠者建立的基金会都会陷入连绵数十年的严重问题，其他平凡之辈的捐赠者的情况不是会更糟吗？

是不是时间证明了安德鲁·卡内基对基金会的信念是正确的呢？他认为即使基金会有时走下坡路，但从长期来看，"永续性的基金会还会重生并发挥作用"。

也许除了上述这一切之外，卡内基还以一个现实主义者和理想主义者的洞察力,制定了一个相当稳妥的战略,分散下注于不同的公益事业,以预防万一他最主要的基金会改弦易辙。也就是说,他还另外创立了一批具有特殊目标的公益机构。

在大半个世纪过去之后,所有这些机构都照常运行并卓有成效:

卡内基国际和平基金会经历盛衰浮沉,也时有争议,但随着时间而发展,现在已成为专家和公众探讨外交政策的重要组成部分。

在匹兹堡的原先的卡内基技术学院现在已合并为一所重要且水准很高的卡内基梅隆大学。

华盛顿的卡内基研究所就其规模和重要性来说,虽然已为一批政府资助的研究机构所取代,仍不失为一个受人重视并有效用的科学中心。

卡内基教学促进基金会除了最早成功地赞助弗莱克斯纳报告、推动了美国医学教育改革之外,又孕育促成了两项意义重大的新事物:极为成功并影响巨大的教师保险与年金协会,以及教育考试服务中心。这两者都能自给自足,并具有全国意义。在卡内基公司的财政赞助下,教学促进基金会本身也是进行教育方面调查和政策研究的有效工具。

这些就是这位苏格兰老人在场上得分的出色记录。

结束语：公益事业之未来

　　在过去两百年中,美国树立了慈善捐赠、基金会兴建和公民义务工作的无可比拟的伟大传统。但是历史上大部分重要的慈善家至今还不太为人所知,至少相对于政军工商界的名人而言。固然,公益事业的编年史有它自己的英雄和败将,也有居于两者之间的角色,但人们几乎忽视了这一事业的最伟大和最英雄主义之点,那就是千百万美国人民的仁慈、给予和志愿服务的精神与习惯。

　　回顾过去,我们可以很欣慰地看到那前所未有的数目的基金会以及它们的光辉成就.虽然有时也会为一些灾难性的失败而沮丧。我们应为许多伟大的公益事业创举而感到自豪,例如当今迅速增长的社区基金会。不过也要当心,不要让商界和政界的道德败坏也悄悄蔓延到非营利领域的机构之中。

　　美国公益事业的编年史是一个没有写完、仍在进行的故事,一个崭新的篇章即将揭开。此刻的美国面临着无数的难题,但它也拥有无数的百万富翁,这是一个幸运的巧合,因为我们独特的私人公益事业传统正可以提供解决这些难题的有效手段。

但是,有一些美国社会中深深潜藏的暗流正在严重地威胁着公益事业的前景。特别使我们担心的是国家的首富之尊们捐赠的方式,因为他们是公益事业长流的源泉,要建立新的发放资助的私人基金会——美国促进社会、科学和教育事业发展的独具威力与创造性的机构——也要靠他们。

然而这些源泉可能只是点滴细流,而并非滔滔不绝,除非有些态度能够得到转变。这些态度植根于人们的惯性和本能:如看重私产、家庭和狭隘的个人利益。这是笼罩在未来的光明前景上的一片阴影。

这个预测为过去几年中出现的两项严峻的事实所日益证实。第一,美国人口中最富裕的阶层的收入增长和财富积累的速度比一般美国人要快得多。第二,按财产和收入计算,富裕的美国人施舍行善的比例远比美国的一般人或穷人要低。

根据权威的统计资料,美国刚经历过有史以来私人财富积累规模最大的阶段。从美国财政部关于个人收入的报告中可以很好地看出过去 10 年间的增长规模。据统计,年收入在 100 万美元以上的纳税人由 1980 年的 4377 人上升到 1990 年的 63642 人,增加了 14 倍。1990 年他们纳税后的平均年收入是 1700903 美元。

尽管如此,目前美国富人慈善捐赠的水平不仅与他们的收入不成正比,而且形成相反的比例。如 1990 年年收入在 2 万美元以下的收入最低的纳税人,拿出了他们收入的 6.6% 给予公益事业;而年收入 5 万~100 万美元的纳税人只捐出了 3%;年收入 100 万美元以上的略微多一点,也只有 3.8%。

而且,有一系列的研究报告表明,由于最近"税制改革"的结果,非常高收入的阶层所捐赠的比例还在显著下降。在 20 世纪 80 年代,美国国会曾两次(1981 年和 1986 年)大幅降低最高限度的所得税率。这对有钱人捐钱的比例产生明显的影响,因为减税提高了所谓"捐钱的代价"。按理说,所得税越高,捐赠人从他给予公益事业的每一元钱中所得到的"回报"(免税额)就越大;所得税越低,这样的动力就越小。现有的资料表明:富裕的捐赠人在决定他们慈善捐赠的水准时,对他

们"捐钱的代价"的计算是十分仔细的。

给高收入阶层大幅减税的直接结果,使 80 年代年收入百万美元以上人士的平均捐赠额下降了 50％;年收入在 20 万～100 万美元之间人士的平均捐赠额下降了 24％(这里必须注意的是:大约 80％的捐赠人属于低收入阶层,他们并没有因捐款得到任何免税利益,因为他们在计算所得税时所得到的基本减税额并不因是否是慈善捐款而改变)。

以上的数据带给我们一幅令人丧气的图景:美国富人从他们收入中拿出的善款不仅比穷人要少,而且他们在施舍时还要斤斤计较能从税务上得到的好处。

证实富人慈善捐赠额下降的还不只是统计资料。《财富》杂志定期发表富人排行榜,目前(指 1996 年)家财达 20 亿～230 亿美元的巨富有 21 人。在最近的排行中,沃尔顿家族(Waltons)占首位,萨姆纳·雷德斯通(Sumner Redstone)、沃伦·巴菲特、鲁珀特·默多克等居中,普里茨克尔家族(Pritzkers)、柯克·克科里安(Kirk Kerkorian)和马文·戴维斯(Marvin Davis)殿后。他们在美国经济和产业中都是引人注目的头面人物。但是从公益事业的角度来看,最值得注意的是这份名单中只有一位沃尔特·安嫩伯格是成绩斐然的慈善家。还有几位至今可能献出了自己财富的百分之一二于公益事业,而其他人则几乎或完全毫无作为,例如范·安德尔(Van Andel)、威廉·齐夫(William Ziff)、马文·戴维斯等。

这份名单中的整个队伍,除了现已年迈的安嫩伯格和两三位别的人以外,都是从美国的经济和民主制度中获利最丰厚的人,但是他们显然认为自己并无责任或没有多大义务来回馈这个社会,保持为社会尽责的传统。

不少美国富翁在他们行事和有生之年对公益事业的责任漠不关心,这样的例子不胜枚举。但是,在他们生命的尽头,当他们规划自己的"遗产"时,是否会把他们赚来的一部分财产安排给公益事业,使得天平略为平衡一些呢?在那时,他们对社会的关怀和慷慨之心是否会一起迸发呢?如果答案是肯定的,其结果将会无比巨大,因为现今私人财富聚集的数额已经令人咋舌。

官方统计资料定期对私人财产的数字进行估算。例如在 1976 年,美国有 18 万百万富翁;1982 年有 47 万;1986 年有 94.1 万,大约 10 年就翻了五番。

根据 1993 年春天美国财政部的《收入统计公告》,由巴里·约翰逊(Barry Johnson)和马文·施瓦茨(Marvin Schwartz)发表的两项很可靠的统计提供的评估更高。据他们报告:占美国成年人口不到 2％的顶尖富人,拥有美国全部私人财富的大约 25％到 30％——即超过 48000 亿美元。这比 1976 年至 1986 年十年间美国百万富翁的财富数字增长了 18 倍。

这两位学者调查了 1986 年财产在 50 万美元以上的死者(8990 人)的遗产扣税额,发现他们的慈善遗赠是财产总额的 24％——达 416 亿美元。这些富裕人士在临终时要比生前慷慨大方得多,这是一个令人鼓舞的现象。

1993 年康奈尔大学专门研究财富的经济学家罗伯特·埃弗里发表了一批新的资料,预估美国财富的转手换代,曾激起很大的希望,也引起不少争论。埃弗里在到大学任教前曾主持联邦储备委员会的财富普查工作多年,被公认是这方面的权威。他引用 1989 年美国政府关于消费经济调查的数据,预测从 1990 年到 2040 年的遗产总数为 104000 亿美元(按通胀率调整)。他很审慎地估计今天持有财富的人士去世后,每年平均将留下 2250 亿美元的遗产。这份转手的巨额资产中有多少将会用于慈善目的呢?依过去的平均数为例,大约 1％会投向这方面。

即使这个测算只是大致正确,非营利部门将得到的利益也是极其可观的:每年约达 20 亿美元。这些新的资源加上活着的捐赠者们每年的赠款数字,它的规模将会使公益事业全面改观。

显然这样的预测会有不小的偏差,不过这已是目前经济学和统计学可能提供的最佳估算,它使人十分振奋。在这个全国都急需援手、政府束手无策,提供解决社会、教育和健康问题的经费极其紧张的情况下,这样大数额的新资源对非营利

部门来说，不是一点点锦上添花的补助，而是拯救国家的手段。

最近十年是美国经济和财富快速增长的十年。我们用不着把它贬称为"贪婪无度"的十年，但是不可否认，这段时间中我们很少看到重大的新公益事业出台，也普遍缺少才华洋溢、开拓创造的捐赠者。

尽管如此，宽厚慷慨和公民尽责的美国传统仍然是坚实稳固的。全国每年投入慈善事业的赠款和义务工作的总和展示了这种品德的活力。但我们寄望于不久的将来，又如过去一样，将再次出现像安德鲁·卡内基、约翰·洛克菲勒和朱利叶斯·罗森沃尔德这样级别的真正伟大的捐赠者榜样，使我国高尚的行善传统重放光辉。

很可能这样的人已经在我们中间，例如乔治·索罗斯。索罗斯不只是像安德鲁·卡内基当年那样宣扬他的"财富的福音"，他更是通过一系列创举显示了一个热情充沛、具开拓精神的慈善家为了人类的自由可以实际上影响历史的进程。

索罗斯不必去重复论证"抱着财富而死，死得不光彩"的观点，他作为榜样的影响力也已足够推动美国新一代富人们贡献他们财富的一部分——譬如五分之一，去为人类谋利造福。而他们可以相信，在美国非富裕阶层中存在的博大坚实的行善传统将会完成余下的任务。这两种力量合在一起，就能建成一个更加美好的世界。

尾声：捐赠者该做和不该做的事

　　你很富有，也很成功。现在是开辟你的人生新路程的时候了，而且，也许是你回报造就了你的一切的社会的时候了。公益事业可能就是帮助你达到以上目标的最佳手段。

　　如果你走上这条道路，以下的一些关于该做和不该做的事的建议可能会对你有所帮助。

　　一、起步要早。临终时再行善是成不了事的。把公益事业作为自己活跃的生活的一部分，它会带给你一种崭新的、令人满足的经验奇遇。早一点开始你的学习过程，知道该怎么做；了解你将面对的问题和机会，使其成为你生活的一个持续的内容。

　　二、不仅奉献你的钱财，也要奉献你自己。自己要参与，拿出你的主意、你的能量、你的领导力来。这个领域要求企业家的精神、要求创造性和责任感。你的能力将使你捐赠的每一元钱都增值许多倍，而奉献自己也能使你获得更高的满足。

三、选择你的公益事业的手段或工具要十分慎重。有许多形式供你挑选：你可以直接捐钱给现成的机构——医院、教会、大学等；你可以把钱捐给社区基金会，数目大小无妨；你也可设立自行运作的基金会或专门提供赠款的基金会。每种形式都有长处和短处。去了解、权衡它们，然后选择最适合你的一种或几种。选择时要摸透情况，实事求是地认识这种形式对于你的目标的优缺点。

四、如果你的家人也参与你的计划（这是很常见、也很自然的想法），不要以为一个家庭基金会可以帮助保持维系家庭团结，恰恰相反，此类基金会常常引起冲突和竞争。不要企图强拉大家在一起永远合作，让他们自己选择：是到一定时候把基金会分家，或者在创立基金会时就先确定它的年限，30 或 40 年都可；也可以把它办成社区基金会之类的"捐赠者监管基金"。总之，不要把基金会当成你过世后控制管理你的家人的工具。这样做只会引来灾祸，玷污了你的金钱。

五、假使你的目的是要使自己或家庭流芳百世，那么基金会是一个很冒险的选择。最好通过你对一个现成的、根深蒂固的机构的帮助来使人们追念你，如教会、医院、博物馆、图书馆或研究中心等。资助一间教堂或实验室、一项奖学金、一幢宿舍、一个特殊的书刊收藏、一间植物园或者一系列音乐会，会比创建一个独立的基金会更容易成为对社区持续有益的资产。而在你和你的家庭离开人世百年以后，人们都仍然怀念你们。

六、为你的基金会选择董事也是一个必须实事求是对待的问题，不要一时冲动或感情用事，要十分严肃认真。如果只是任命几个家庭成员、你的律师、一两位生意上的老伙伴，凑成一个董事会是很容易的。但是你希望这个董事会单单是和和气气、言听计从的吗？另一个选择是：组成一个强有力的独立的董事会。它可能不时与你发生争论，但是对你所关心的社会问题有足够的知识。如果是后者，你是否对基金会活动的目标已很明确，因而知道具有什么样经验和技能的人应当坐在董事会的位子上呢？

你挑选的董事的质量将在很大程度上决定你的基金会是否有效能，以及将来你不在时能否继续忠实于你的意愿。

七、如果你的财富不那么庞大，如果你对消费的兴趣仍然高于行善，如果你对慈善事业还不太了解，如果你的家庭有欠和睦、压力很大，不过你还是有兴趣帮助你所在的城市或地区，那么请慎重考虑把钱捐给社区基金会。这样做对公益事业有许多益处，也能保障你的权利。

八、请记住，你学到的很多商务经验都可以应用于公益事业：谈判协商、以钱筹钱、企业经营等。向安德鲁·卡内基、玛丽·拉斯克、吉姆·劳斯和乔治·索罗斯这些大师们学习，使你的捐款的作用倍增。

九、认真考虑朱利叶斯·罗森沃尔德关于追求"永世长存"的危险的建言。他的话极其深刻明智，特别是针对像你这样的成功人士的。

十、你要注意避免一些危险而易犯的错误：不要听信在慈善界那种自我陶醉、皆大欢喜的说法，如"所有的捐赠计划和项目无一例外都会成功"等。由于缺乏一个衡量成败的标准，这种愚蠢的说法甚嚣尘上。尽管美国社会取得巨大成就，但今天仍然面对着许多困难艰深的问题。你可以使出你最大的勇气和能力来解决它们，前方会有失误或挫败，但不要停顿退缩或灰心丧气，而是从中学到经验。像这样重要而艰巨的任务当然不是轻而易举的。

十一、最后，你应当知道：如果你在公益事业中能够获得你在商业或专业上同样的成功，或者接近那样的成功，这意味着你也为你的家庭、你的社区和你的国家做了一件大事。你将得到一个人所可能获得的最大的社会敬重，并被人们永志不忘。

请珍视和充分利用美国历史上这个最繁荣的时刻所提供给你的服务机会，作为一位公民和捐助人，为我们伟大的民主社会作出最大的贡献吧！捐给公益事业的不仅是你的钱财，而且是你最可贵的身心。

出版说明

本书是沃尔德马·尼尔森先生对美国基金会和公益事业的个人思考和评判。本书虽为 20 世纪 90 年代的著作，有些资料和数据可能已有更新，但为了尊重作者独特的视角和基于其原始数据所进行的各种分析，我们特意保持图书原貌，并推荐给国内读者。

然而需要指出的是，尽管总体而言作者的叙述是客观而中立的，但终究囿于时代和个人的局限，对一些历史事件和人物的观察和评价难免有失偏颇，对资料细节上的考证也偶有疏忽失察，相信读者能对此给予理解和宽容。这也并不表明出版社持有与此相同的立场，作为一家之言，本书的观点仅属于作者本人。

图书在版编目(CIP)数据

大捐赠者传奇 /（美）尼尔森(Nielsen，W. A)著；
程洒欣，郑胜天译. —杭州：浙江大学出版社，
2013.11
书名原文：Inside American philanthropy：The
dramas of donorship
ISBN 978-7-308-12402-7

Ⅰ.①大…　Ⅱ.①尼…②程…③郑…　Ⅲ.①慈善事
业－人物研究－美国　Ⅳ.①K837.123

中国版本图书馆 CIP 数据核字(2013)第 249341 号

浙江省版权局著作权合同登记图字：11—2013—124 号

大捐赠者传奇

（美）沃尔德马·尼尔森 著　程洒欣　郑胜天 译

策　　划	杭州蓝狮子文化创意有限公司	
责任编辑	陈丽霞	
出版发行	浙江大学出版社	
	（杭州市天目山路 148 号　邮政编码 310007）	
	（网址：http://www.zjupress.com）	
排　　版	浙江时代出版服务有限公司	
印　　刷	浙江印刷集团有限公司	
开　　本	710mm×1000mm　1/16	
印　　张	14.5	
字　　数	189 千	
版 印 次	2013 年 11 月第 1 版　2013 年 11 月第 1 次印刷	
书　　号	ISBN 978-7-308-12402-7	
定　　价	38.00 元	